RED. :

16

graphicom
379870

MIRE ISO N° 1

NF Z 43-007

AFNOR

Cedex 7 - 92080 PARIS-LA-DÉFENSE

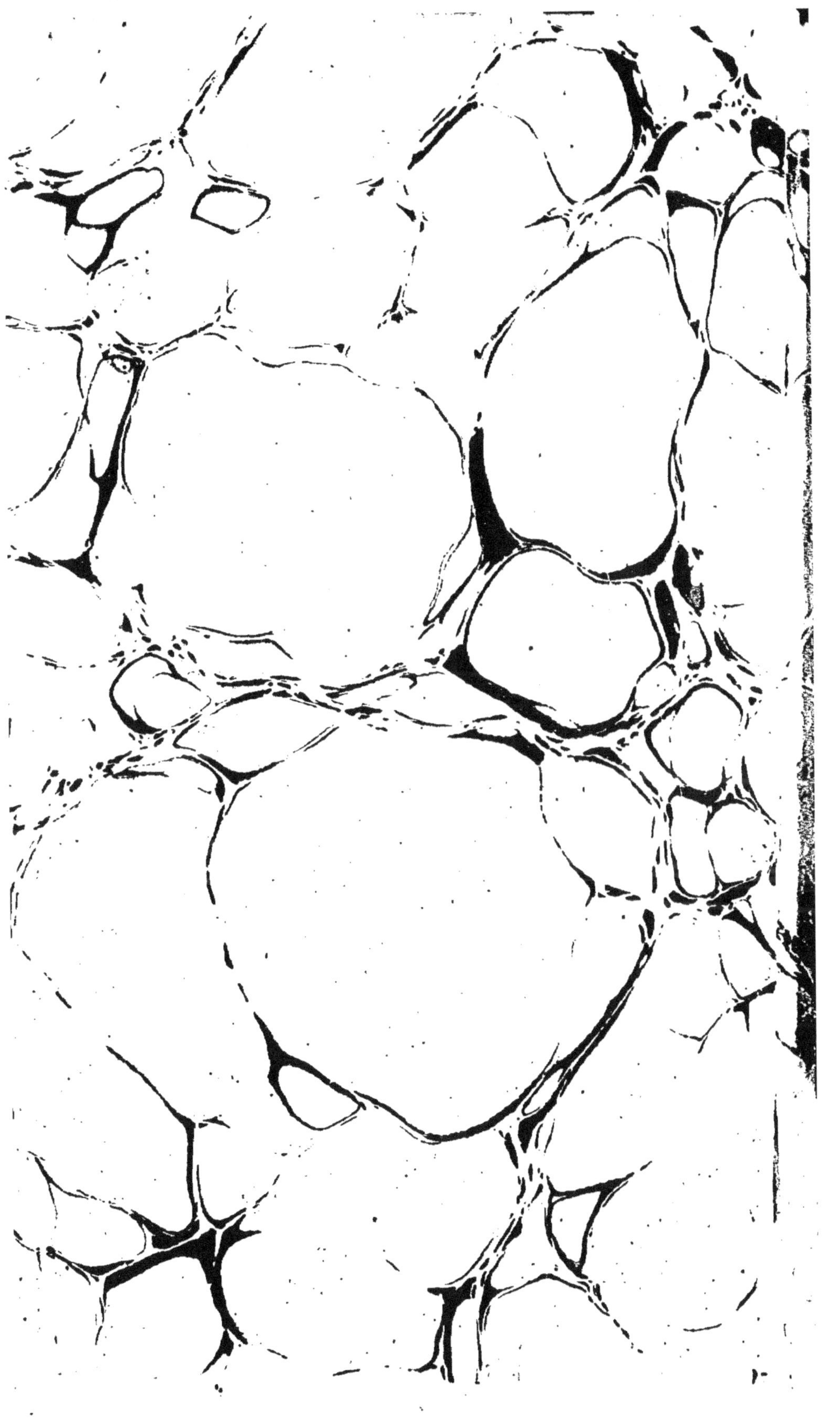

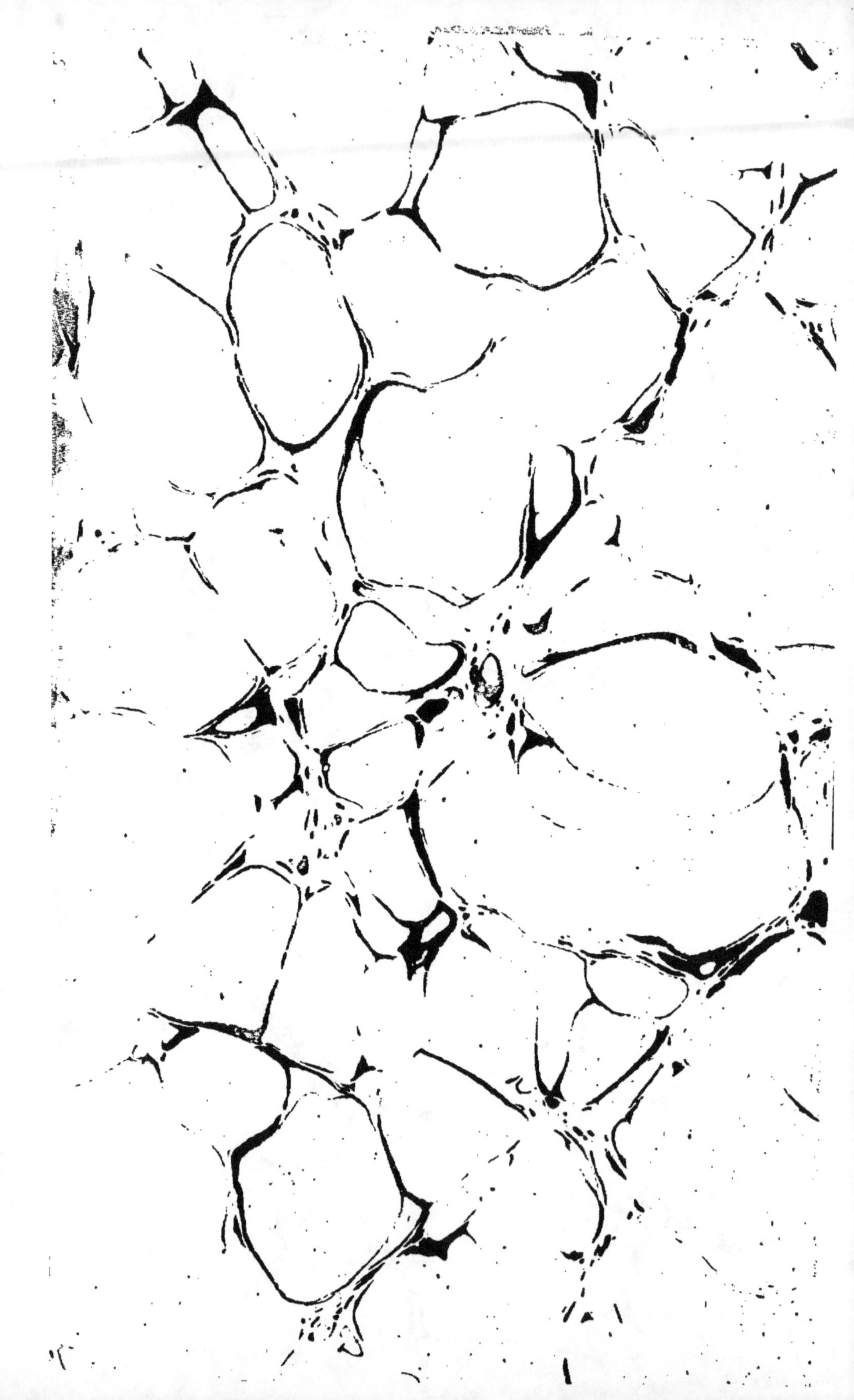

MON PAYS

GÉNÉRAL TCHENG-KI-TONG

MON PAYS

— LA CHINE D'AUJOURD'HUI —

PARIS

BIBLIOTHÈQUE-CHARPENTIER

G. CHARPENTIER ET E. FASQUELLE, ÉDITEURS

11, RUE DE GRENELLE, 11

Tous droits réservés.

MON PAYS

L'ORGANISATION SOCIALE DE LA CHINE

Appelé à parler ici de la *Société en Chine*, je ne vous cacherai pas que j'éprouve un léger embarras, au moment d'aborder mon sujet. Non pas que je sois étranger à la question à traiter : je vous le dirais, vous ne me croiriez pas. Ce n'est pas non plus que je me sente gêné par l'insuffisance des matériaux, ni troublé par la difficulté de choisir, dans nos us et coutumes, les éléments de cet entretien.

Mon hésitation provient uniquement de la

crainte, bien naturelle, que je dois éprouver, en venant exposer, encore une fois, des idées que j'ai souvent émises.

Après avoir tant de fois essayé de montrer au public européen quels sont les rapports et les différences de nos deux civilisations, je me demande si je ne fatiguerai pas aujourd'hui votre attention; si le cadre dans lequel je suis obligé de me mouvoir sollicitera suffisamment votre intérêt, pour que le développement d'une thèse qui m'est chère trouve en vous un public sympathique et disposé à accueillir favorablement quelques vérités qui, à défaut d'autre mérite, ont celui de venir de très loin.

Mais une chose me rassure : le choix fait par les éminents organisateurs des conférences de l'Exposition universelle de 1889 me prouve que, dans leur pensée, la question que j'ai plusieurs fois traitée sous différentes formes est assez neuve encore pour mériter d'être de nouveau produite en public. D'ailleurs, un grand écrivain français l'a dit : « Ce n'est qu'à force de frapper le même clou qu'on parvient à l'enfoncer; il ne faut pas se lasser de dire et redire, jusqu'à ce qu'on soit parfaitement sûr d'avoir fait pénétrer dans les consciences les vérités que l'on veut faire connaître. »

C'est dans cette double conviction que je puise la tranquillité nécessaire pour venir esquisser, à vos yeux, un tableau synthétique de la société chinoise : quelque chose comme une vue à vol d'oiseau de notre monde oriental, que je me suis proposé de rapprocher de l'Occident européen : désir bien naturel dans tous les temps, mais plus compréhensible que jamais, à notre époque de rayonnement intellectuel; dans ce dix-neuvième siècle qui, par ses chefs-d'œuvre scientifiques, par ses chemins de fer et ses télégraphes, ses vapeurs et ses aérostats, ses téléphones et ses phonographes, efface la distance et le temps, unit, chaque jour, dans une même pensée tous les peuples du globe terrestre et convie l'humanité tout entière à célébrer, dans la capitale intellectuelle du monde, les victoires de l'intelligence réalisées en ces temples merveilleux du travail et de l'industrie humaine.

J'ai donc choisi, sur la demande qui m'en a

été faite, le titre de cet entretien : *La société en Chine*.

La tâche est difficile : mais pour pouvoir causer avec vous de mon pays d'une façon générale, je n'ai guère de meilleur sujet que la société. Car la société est, en réalité, tout l'Empire du milieu.

L'Etat lui-même n'est qu'une grande société d'assurance mutuelle en vue de la sécurité et du bien-être général, dont toutes les familles sont des membres adhérents.

Les questions politiques, chez nous, sont étroitement liées aux questions sociales ; d'autre part, les questions de parti n'interviennent jamais. L'empereur lui-même, qui nous gouverne, s'est proclamé glorieusement le père de tous ses peuples, par conséquent, le chef de cette grande famille chinoise composée de plus de 400 millions d'enfants. Sous son gouvernement, nous sommes comme des pupilles volontairement soumis au sage tuteur chargé d'administrer nos biens, de défendre nos intérêts et de nous assurer le bien-être et la paix.

Il est considéré par nous comme le fils du

ciel, c'est-à-dire comme l'homme doué de plus de vertus qu'aucun autre humain. Sachant que de ses moindres actes dépend le sort de ses innombrables enfants, il fait tout ce qui est humainement possible pour faire régner le bonheur dans ses vastes États.

Tous nos livres sacrés, d'ailleurs, établissent la nécessité d'un gouvernement paternel et font du bonheur de la nation le but même de l'existence du Gouvernement.

« Obtiens l'affection du peuple, lit-on dans le *Ta-Kio* ou Grande Étude, et tu obtiendras l'Empire ; perds l'affection du peuple et tu perdras l'Empire. »

Confucius a assigné pour idéal à l'homme l'amélioration de soi-même et des autres. Cette pensée doit être constamment présente aux gouvernants et aux gouvernés. Aussi le philosophe pouvait-il ajouter à juste titre : « Gouverner son pays avec la vertu et la capacité nécessaires, c'est ressembler à l'étoile polaire, qui demeure immobile à sa place, alors que toutes les autres étoiles circulent autour d'elle et la prennent pour guide. » Ainsi la vertu est proposée comme idéal à tous les hommes et doit distinguer, plus particulièrement encore, le souverain, auquel notre grand penseur rappelle à chaque page l'étendue de ses devoirs, la nécessité de les remplir et d'être sans cesse préoccupé de leur accomplissement.

Dès lors la société acquiert immédiatement une direction définie vers le progrès, dont elle ne saurait plus s'écarter.

Voyons comment le Gouvernement s'est conformé aux prescriptions du maitre.

Auprès de l'empereur, et fonctionnant à titre de conseil, *le grand secrétariat de l'État* dirige toute l'action gouvernementale et en harmonise les différentes branches de telle manière que l'État chinois est comme une image agrandie de la famille chinoise : comme celle-ci, l'État est fondé sur l'union de l'homme et de la terre, préconisée avec tant d'amour par Michelet. Car la terre, chez nous, demeure en somme propriété nationale : l'agriculture n'en a que l'usufruit, auquel lui donne droit son travail. « Une famille doit être un petit Etat », disent nos sages : on verra, plus tard, conbien cette assimilation est réelle en Chine.

Sous l'impulsion du grand secrétariat, fonctionnent huit ministères : personnel administratif, finances, rites, guerre, travaux publics, justice, affaires étrangères, marine.

Le ministère du *personnel administratif* nomme aux emplois publics : il choisit les fonctionnaires parmi les lettrés — car en Chine il faut avoir passé les examens pour obtenir une situation gouvernementale, — il exerce sur ses divers lieutenants un contrôle incessant et reçoit les plaintes des citoyens contre les administrateurs. On voit qu'il tient, à la fois, du pouvoir exécutif et du Conseil d'État.

Le ministère des *finances* est aussi celui de l'agriculture et cela se comprend : il perçoit, en effet, les impôts, dont le plus important, de beaucoup, est l'impôt foncier, fixe ; les produits variables des douanes, du sel et des mines ne viennent qu'en second lieu. Le même ministère effectue les payements. Son rôle est celui d'un bon comptable des deniers publics, chargé d'encaisser les fonds et de payer les différents services.

Le ministère des *rites* administre les temples et en dirige les solennités; il est chargé de l'assistance publique; il surveille les greniers des réserves du Gouvernement et les institutions de bienfaisance; enfin, il centralise les concours littéraires de tous les degrés; il tient donc lieu des ministères des cultes et de l'instruction publique, ainsi que de l'administration de l'assistance. De plus, il fait promulguer les lois, en surveille l'exécution, comme, en Europe, le chef d'État et le ministre de la justice.

Le ministère de la *guerre* est chargé d'entretenir l'armée indispensable à la sûreté du pays et centralise tout ce qui se fait dans l'armée chinoise.

Le ministère des *travaux publics* contrôle les travaux de viabilité, de canalisation, entrepris par les autorités locales, qui jouissent, dans ces matières, de la plus grande initiative: nos gouvernants ont jugé que personne n'était plus en mesure que les intéressés de formuler des décisions en pareil cas.

Le Ministère de la *justice*. Ce ministère

n'intervient que pour les affaires criminelles, que le conseil de famille ne peut punir. Sauf ces cas, pas de ministère public; jamais d'avocats, d'avoués, de notaires, d'huissiers. Pour les différends entre particuliers, la justice n'agit que lorsqu'on fait appel à ses décisions. Les parties s'expliquent elles-mêmes et le juge prononce selon l'équité, en tenant compte de l'opinion des familles.

Puisque le ministère de la justice ne s'occupe spécialement que des affaires criminelles, on comprendra que la Chine n'ait rédigé qu'un seul code : le code pénal, dont les punitions peuvent être modifiées selon les circonstances atténuantes ou aggravantes.

Le ministère des *affaires étrangères* était, autrefois, une section du ministère des rites: il en a été détaché depuis une trentaine d'années, et constitué en département particulier, sous le nom de « Tsong-li-Yamen ».

Les membres font tous partie des autres ministères; de même nos diplomates, outre leur fonction actuelle, ont toujours un grade dans un de nos ministères.

Le ministère de la *marine* a été créé, il y a trois ans, au moment où l'effectif de notre flotte commençait à devenir assez important pour nécessiter cette innovation.

Je suis obligé, ici, d'attirer votre attention sur l'organisation particulière de nos ministères. Aucun d'eux n'est dirigé par un seul ministre : ils sont régis, chacun, par un conseil de six membres, dont deux présidents et quatre vice-présidents, pour moitié Chinois, pour moitié Mongols ou Mandchous. Depuis l'avènement de la dynastie régnante, le premier de ses empereurs, qui était Tartare-Mandchou, prit cette mesure vraiment sage, pour éviter la rivalité entre les deux races. Ce caractère mixte s'étend presque jusqu'au dernier degré de la hiérarchie.

C'est par une conception de sagesse analogue que, depuis des siècles, nos empereurs, prévoyant la possibilité des dissensions religieuses et voulant prévenir ces dangereuses explosions, confondirent dans la personne du souverain les trois religions, dont les chefs furent placés sous ses ordres immédiats.

Grâce à cet arrangement Taoïstes, Bouddhistes et disciples de Confucius vivent en paix, les uns à côté des autres, sans que personne cherche à empiéter sur le terrain du voisin.

J'ai dit que notre gouvernement, tout patriarcal, n'a voulu avoir la haute main sur ces cultes, que pour en empêcher les conflits : la preuve, c'est qu'il n'intervient aucunement dans le culte des ancêtres, qui appartient à la famille et est la base principale de nos conceptions religieuses.

Je compléterai cette esquisse politique de la Chine, en vous disant que notre division administrative comprend : dix-huit provinces, gouvernées par des vice-rois ; cent quatre-vingt-deux départements, administrés par des préfets ; douze cent quatre-vingt-treize cantons, régis par des sous-préfets. Enfin, viennent les communes, dont le nombre est indéterminé, et sur lesquelles nous aurons à revenir plus bas.

Ce rapide résumé de nos institutions serait bien insuffisant, si je ne m'arrêtais quelque temps, pour vous faire connaître un organisme politique propre à la Chine, et dont on ne retrouve nulle part, ailleurs, l'équivalent. Je veux parler de la *Censure*. Je conserve à dessein cette appellation, généralement usitée en Europe. Je m'empresse de vous dire que notre censure n'a rien de commun avec son homonyme, très irrévérencieusement connue dans la presse, sous le nom d'*Anastasie*.

Notre censure est tout autre chose. Le Tou-Tcha-Yang mérite bien son nom, dont la traduction exacte est celle-ci : *La cour qui veille à tout.*

Je vous disais, il y a quelques instants, que notre nation est comme une grande famille ; que le souverain se considère comme le père et le représentant de ses sujets. Aussi regarde-t-il comme son premier devoir de se pénétrer constamment de la pensée, des aspirations et des besoins du peuple. Mais comment entretenir cette union intime entre l'Empereur et la nation ? Les différents départements administratifs, restreints chacun à sa sphère d'action spéciale, ne pouvaient suffire à cette tâche. Le *Tou-Tcha-Yang* devint ce lien nécessaire, maintint l'harmonie entre le souverain et le peuple.

Créée plus de onze siècles avant l'ère chrétienne, la censure réunit, tour à tour, aux deux pouvoirs législatif et exécutif, le pouvoir judiciaire et le contrôle administratif, l'examen de tous les actes officiels, des archives et des comptes de l'État.

L'organisation définitive, qui date de la dynastie actuelle, a fixé le nombre des membres du collège des censures à cinquante-six, dont vingt-huit Chinois et vingt-huit Mandchous. Il y a, de plus, pour chaque nationalité, un président et un vice-président. Enfin, les vice-rois et les gouverneurs portent les titres respectifs de présidents et de vice-présidents, mais avec une compétence limitée à leur ressort administratif.

La Cour qui veille à tout siège dans la capitale, où lui est affecté un palais spécial. Elle délibère en commun sur toutes les affaires, sauf celles de censure proprement dite, dont chaque membre a l'initiative, mais qu'il doit exercer seul et qui ne devient collective

que dans des circonstances exceptionnelle-
ment graves. La Cour distribue, entre les
membres, le contrôle des provinces et des
administrations. Elle surveille les ministres
et même le grand secrétariat, qui les inspire ;
de plus, douze censeurs spéciaux sont chargés
d'inspecter, chaque jour, les administrations
centrales.

Constamment préoccupée des actes du Gouvernement et de l'Empereur lui-même, la
Cour délègue quelques-uns de ses membres
qui couchent toujours au palais impérial et
accompagnent le souverain dans ses voyages.
Les conseillers intimes du Maître de la Chine
lui présentent, lorsqu'ils le jugent utile,
d'abord leurs observations, et au cas où ces
sages paroles ne seraient pas écoutées, leurs
critiques, souvent formulées en termes
sévères. Rien ne peut détourner ces magistrats de leurs devoirs, et l'histoire nous
offre de nombreux exemples de leur fidélité que la crainte de la mort ne put jamais
ébranler.

Ayant l'initiative la plus large, la Cour examine la légalité et la justice des mesures gouvernementales.

Elle surveille les agissements des fonctionnaires ; tout opprimé peut s'adresser à elle ; tout condamné injustement peut en appeler à la censure, constituée alors en tribunal de cassation. Et, malgré ces pouvoirs illimités, le censeur est responsable : s'il pouvait arriver qu'il calomniât, le lésé pourrait le traduire devant les tribunaux, ou devant un autre censeur et faire condamner le coupable. Ainsi, la justice est au-dessus de ces magistrats mêmes, qui ont pourtant le droit de demander révocation ou dégradation des fonctionnaires ; de délibérer en dernier ressort sur les condamnations pénales ; de renvoyer les rapports des vice-rois et gouverneurs ; de faire rapporter les décrets impériaux déjà signés ; qui, enfin, étendent leur surveillance sur tous, depuis le dernier des sujets, jusqu'à l'héritier présomptif.

Les censeurs sortent tous de l'Académie : ils doivent donc avoir passé l'examen du troisième degré. Leur traitement modeste leur est payé directement sur la cassette impériale. L'argent, d'ailleurs, est bien peu de chose, lorsqu'on songe à l'estime qui s'attache à cette fonction si recherchée : devenir le guide de l'Empereur et l'avocat du peuple; être appelé à jouer ce rôle de l'œil, toujours ouvert, de la conscience publique; jouir de l'affectueux respect dont le peuple entoure les membres intègres de sa *Cour qui veille à tout :* tel est le plus haut idéal que puisse se proposer l'ambition d'un lettré chinois.

Je vous ai entretenus, jusqu'ici, de la grande famille chinoise : j'ai à vous parler maintenant de la petite; de son organisation, de la manière dont elle intervient, elle aussi, comme facteur essentiel, dans certaines régions de notre système politique et social.

On sait que la base fondamentale du Gouvernement impérial est la piété filiale. Naturellement, la famille ne saurait être constituée que d'après ce même principe.

Le chef de famille a tout pouvoir sur les membres placés sous ses ordres. Il n'est pas d'expression européenne qui corresponde à l'autorité dont il est revêtu. C'est le mot de *patriarcat* qui rendrait le mieux l'expression chinoise : encore ne fait-il qu'approcher du véritable sens, sans le rendre exactement.

Outre l'administration intérieure de la maison, le père représente la collectivité, composée de tous les enfants, de leurs conjoints et de leurs descendants. J'emploie ce mot collectivité, parce que, chez nous, l'autonomie individuelle n'existe pas. Tous les membres de la même famille sont mutuellement et solidairement responsables des actes commis par chacun d'eux : l'individu, dès lors, disparaît dans la famille, qui constitue une véritable personne morale. Un des siens est-il élevé aux honneurs, tous participent à son illustration. Dans le cas contraire, si l'individu commet un crime, ses parents les plus proches sont punis, pour n'avoir pas mieux élevé le coupable, et surtout, pour ne pas avoir su à temps empêcher la réalisation de l'acte inculpé.

La thèse générale du droit pénal, en Chine, est celle-ci : le criminel ne devient tel, que parce que le milieu n'a pas exercé sur lui une influence suffisamment salutaire. Dès lors, procédant logiquement, la justice devait étendre cette solidarité au delà même de la famille.

C'est ce qu'elle a fait.

Pour certains crimes particulièrement odieux — je citerai, par exemple, le parricide, — ce n'est pas seulement la famille du coupable qui est frappée : les familles voisines et le magistrat du district sont enveloppés dans la même réprobation. Un crime atroce a été commis dans le cercle où s'étend leur action; ils ont tous péché. Tous ils devaient agir, par l'exemple, par l'enseignement, de façon qu'un des leurs ne se souillât point d'un pareil forfait.

Ces mesures, au premier abord, paraissent plus que sévères : cruelles, barbares même. Mais, à la réflexion, on revient bien vite de cette impression superficielle. La solidarité, en effet, n'a pas pour résultat de frapper l'innocent avec le coupable; au contraire, elle correspond exactement au but que s'est proposé le législateur : celui de diminuer la criminalité en forçant toute la population à une surveillance mutuelle; en obligeant la collectivité à agir, moralement, sur le cœur et le cerveau de ses membres, pour les améliorer; physiquement, pour les empêcher de mal agir.

Quelques détails de statistique criminelle vont confirmer ce que j'avance.

A Hankow, ville de près de 2 millions d'habitants, on ne put signaler qu'un meurtre en trente-quatre ans. Dans la province de Tcheli, sur 25 millions d'habitants, il n'y eut, en 1867, que douze exécutions; n'oublions pas d'ajouter ici que le vol, trois fois répété, est puni de mort et que la capitale de l'Empire est située dans le Tcheli.

Voilà des chiffres qui indiquent certainement un état supérieur de la moralité générale. Je n'hésite pas à attribuer à la solidarité de la famille et des groupes de familles cette criminalité si extraordinairement faible.

J'ai parlé de la rareté, en Chine, de l'infanticide. La solidarité est encore une des causes qui met obstacle à la perpétration de ce crime. Les unions illégitimes sont très rares chez nous, et les classes pauvres, chez lesquelles on en rencontre parfois, habitent dans des maisons à cloisons légères, où il est impossible de se dissimuler aux voisins. Or, ces derniers seraient responsables du crime commis ; de là, une surveillance mutuelle, qui rend de tels méfaits presque impossibles.

Autre résultat qui a bien son prix : c'est grâce à ces responsabilités collectives que trente mille fonctionnaires environ suffisent à administrer le tiers de la population du globe. Le bon ordre, dans le meilleur sens de ce mot, a pour auxiliaires infatigables ces milliers de collectivités, qui ne voient le salut de tous que dans la moralité de chacun. D'ailleurs, Confucius a dit qu'on ne peut gouverner l'empire que lorsqu'on sait bien gouverner la famille. Il entendait certainement, par là, que les familles bien gouvernées constituent, d'elles-mêmes, une portion de l'empire bien administrée. Aussi, un fonctionnaire est-il immédiatement destitué si quelqu'un de sa famille a commis un acte contraire aux lois ou aux bonnes mœurs. Comme il veillera à ce que chacun, chez lui, suive le droit chemin !

Ces devoirs, d'ailleurs, correspondent à des droits. Si la famille est responsable, elle intervient activement, d'autre part, dans un certain nombre d'affaires publiques. Toutes les questions communales, par exemple, — et la compétence des communes est assez étendue, — sont réglées par l'assemblée des chefs de familles, à la majorité des voix et en dernier ressort. En cas de guerre, ce sont ces assemblées qui procèdent à la levée des milices destinées à défendre la localité ; ce sont elles, encore, qui font des manifestations publiques, pour féliciter les bons fonctionnaires, demander le renvoi des mauvais, ou protester contre telle nomination, jugée nuisible aux intérêts du pays.

La famille, assemblée en conseil, exerce sur ses membres l'autorité judiciaire qui, dans les temps les plus reculés, était le privilège exclusif du père. Ce dernier, quoique respecté de tous, n'est pas un autocrate : loin de là. La famille est une petite commune, dont le concours est indispensable au chef, dans tous les cas intéressant la collectivité ; en l'absence du père, son autorité est dévolue à le mère qui préside à la place de son mari.

On voit qu'il y a dans ces petites communautés une image diminuée de la grande collectivité nationale : un petit état, qui n'entre pas en lutte, un seul instant, avec le grand, mais qui tient à côté de ce dernier une place considérable, avec ses droits, ses devoirs et ses responsabilités diverses ; ce sont comme de petits groupes de fonctionnaires volontaires, chargés de maintenir le bon ordre, et, en même temps, des écoles, où se forment les hommes qui seront appelés un jour, à des titres divers, à prendre leur place dans le gouvernement du pays.

La tâche de ce dernier devient, par ce système, extrêment facile ; il n'a pas besoin de décréter des lois multiples pour ordonner telle ou telle méthode d'instruction ; chaque chef de maison est obligé de tenir le livre de famille, qui renferme les actes de l'état civil, les jugements, la biographie des ascendants, etc. Chacun est donc forcé de savoir lire et écrire. L'instruction se fait d'elle-même, par l'intérêt de tous et la collaboration de chacun. Il suffit au gouvernement, pour recueillir les fruits de ce jardin public, de donner de temps en temps quelques encouragements et d'ouvrir toutes grandes les portes de nos concours à tous les citoyens de bonne volonté. Les parents qui auront bien élevé leurs enfants recevront les mêmes honneurs que leurs descendants et trouveront ainsi la récompense de leurs efforts et de leurs sacrifices. C'est pourquoi les enfants sont toute l'espérance de la famille, solidaire avec eux et qui réalisera en eux ses rêves.

Du moment où la femme devient, en l'absence du mari, le chef de la famille, il est clair que le Chinois doit être monogame et le mariage indissoluble. Néanmoins, il est des circonstances où la nécessité d'avoir un héritier donne lieu à une seconde union. Cette deuxième femme n'est pas légitime, en ce sens qu'elle ne suppléera pas le chef de la maison, mais ses enfants tiennent le rang qu'auraient obtenu ceux de la femme légitime. Il se passe, dans ce cas, quelque chose de tout à fait analogue à ce que la Bible rapporte de Sarah qui, n'ayant pas d'enfants, donna à son mari Abraham sa servante Agar, afin qu'il en eût un fils. Lorsque j'arriverai au culte des ancêtres on verra combien, avec nos idées, il est indispensable que la famille se perpétue en descendance mâle.

J'ai dit que nous avions trois religions : celle de Lao-tze, dont les adhérents portent le nom de Taoïstes, admet la métempsycose. Elle est uivie par la partie la moins instruite du peuole.

Celle de Fo, plus connue sous le nom de ouddhisme, est une doctrine métaphysique, lans laquelle le penseur trouvera des aperçus emarquables.

Enfin, la religion des lettrés est celle de onfucius ; c'est une pure morale, prêchant les ntiments les plus élevés et ayant pour but sentiel le perfectionnement de l'homme par éducation du cœur.

C'est à cette philosophie religieuse que se ttache le culte des ancêtres, généralement atiqué en Chine et auquel je vous demande permission de m'arrêter quelques instants.

Il n'est pas de force morale plus grande, pas de puissance plus énergiquement agissante pour le bien, que la tradition, dans la famille. Le culte des ancêtres n'est pas autre chose que la mise en action de cette influence moralisatrice.

Il dérive du grand rôle joué dans notre société par la famille. Les ancêtres représentent, dans le passé, cette personne morale. Les tablettes qui portent leurs noms, la mention des services rendus par eux et des titres qu'ils ont obtenus, font que les générations disparues sont, sans cesse, présentes aux yeux de leurs descendants pour leur servir d'exemple, les encourager au bien, les exciter à rivaliser d'efforts pour égaler ceux qui ne sont plus.

Aussi ce culte, si bien compris, existe-t-il dans toute la Chine; chez les plus pauvres, comme chez les plus riches, l'arbre généalogique de la famille reçoit les mêmes honneurs, st entouré du même respect. Et chacun, au lieu e vivre isolé sur la terre, sent qu'il fait partie l'un tout; qu'il a derrière lui les ascendants qui le sollicitent à faire comme eux son devoir d'homme de bien et à laisser après lui des enfants qui, à leur tour, s'honoreront de son exemple, pour perpétuer les traditions d'honneur et de vertu qui font la puissance d'une race.

Aussi, le plus grand malheur qui puisse arriver à un Chinois, c'est de se dire que son arbre généalogique pourrait ne plus pousser de nouvelles branches; que le culte de ses ancêtres pourrait s'éteindre.

De là, deux conséquences très importantes : la première, je vous l'ai déjà fait entrevoir : la femme légitime tolérera une autre femme à côté d'elle, pour perpétuer la race de son mari.

D'autre part, le célibat, si fréquent en Europe, est chose inconnue en Chine. Chacun voulant avoir des enfants, le mariage est une nécessité morale, un devoir social, auquel on ne saurait se soustraire : c'est le complément rigoureusement indispensable du culte des ancêtres.

La femme non seulement s'occupe de son ménage, mais encore est principalement chargée des soins à donner aux vieux parents, très respectés chez nous. Aussi, comme il n'est guère de famille qui ne se perpétue, nous n'avons pas, en Chine, de ces institutions de bienfaisance, communes en Europe : maisons de retraite, hôpitaux pour les vieillards. Ces choses n'existent pas et ne peuvent exister, parce que nous n'en avons pas besoin. La famille en tient lieu et remplace avantageusement — tout le monde sera d'accord avec moi, sur ce point — ces établissements philanthropiques.

Il va sans dire qu'avec pareille conception de la famille, les mariages d'argent sont impossibles ; le jeune homme s'attache exclusivement aux qualités morales de sa fiancée, choisie d'ailleurs par les parents, que leur expérience de la vie rend plus aptes à élire celle qui devra être la compagne de leur fils.

La cérémonie même du mariage n'est ni religieuse ni civile, dans le sens qu'on attache en Europe à ce mot : célébrée sans prêtre ni fonctionnaire, elle est purement familiale. Nous ne comprenons pas ce que la religion ou l'autorité pourrait ajouter à un acte fait par la famille, pour la famille, et de la compétence exclusive de la famille, qui y voit son avenir et son but suprême.

J'ai dit que le mariage était indissoluble. Il y a un tempérament à apporter à cette sentence trop exclusive. Le divorce existe depuis plus de deux mille ans, pour certains cas exceptionnels. Je n'en citerai que deux, qui nous sont particuliers : 1° celui de désobéissance accompagnée d'injures envers les parents de l'un des époux ; 2° celui où la femme, arrivée à un certain âge, n'a pas d'enfants et perd l'espoir de donner des héritiers à son mari.

Ces deux cas de divorce peuvent paraître singuliers, au premier abord : ils n'ont rien que de logique et de légitime, dès que l'on se reporte à l'organisation de la famille chinoise.

La désobéissance, avec circonstances aggravantes, est une atteinte directe au culte des ancêtres : l'impossibilité d'avoir des enfants amènerait l'extinction de la famille et, par suite, celle du même culte. On voit donc que le législateur a sagement agi, ne faisant que se conformer, sur ces deux points, à l'ensemble des institutions qui caractérisent notre société et lui imposent son cachet particulier.

J'ajoute que les deux faits ne se présentent que rarement. Bien plus, dans le second cas, il existe chez nous une double ressource, qui permet aux conjoints, unis par des liens de longue affection, de ne pas se séparer. La première, je vous l'ai déjà fait connaître : c'est l'adjonction d'Agar à Sarah ; la deuxième est l'adoption d'un enfant, pris de préférence parmi ceux de la famille ; à défaut de ceux-ci, on choisit un jeune garçon que l'on connaît bien et auquel on croit pouvoir confier en toute sécurité le soin de continuer la lignée et de rendre aux ancêtres le culte qui leur est dû.

Ajoutons quelques mots sur le partage des biens dans la famille.

Lorsque le père meurt, sa veuve prend l'usufruit de deux parts d'enfants. A défaut d'enfants, elle a l'usufruit du tout, mais ne peut devenir propriétaire que si le mari a décidé qu'il en serait ainsi.

C'est le fils aîné qui détiendra le champ patrimonial. Mais n'allez pas croire que les autres enfants soient dépouillés : la communauté subsiste, entre eux, sauf dans le cas de partage des biens, mesure à laquelle on ne recourt que contraint et forcé. Tous continuent à cultiver ensemble les terres de la famille et cette indivision se maintient pendant des générations.

Les filles n'héritent pas : le législateur n'a pas voulu que les biens sortent de la famille; aussi, la femme ne reçoit, elle, qu'une petite dot, en argent ou en mobilier. Elle n'en sera pas moins heureuse pour cela : elle est sûre, du moins, qu'on ne l'épousera pas pour sa fortune.

Ainsi, chaque collectivité conserve ses biens: l'égalité s'en trouve mieux assurée; les femmes ne vont pas grossir, de leur dot, la fortune de la famille dans laquelle elles entrent par le mariage; et les terres ne s'accumulent pas, pour se stériliser entre les mains d'un petit nombre de grands propriétaires. D'ailleurs, tous les biens autres que la terre sont également partagés entre les fils, en réservant, bien entendu, deux parts à la mère.

Grâce à cette législation, le bien-être est généralement répandu : la terre, étroitement unie à l'homme, lui rend au centuple ce qui lui a été confié ; et le peuple, satisfait et heureux, jouit de la vie, dans la paix d'une existence largement assurée.

J'ai essayé de vous présenter les principaux organes constitutifs de la société en Chine ; le gouvernement, avec ses divers rouages ; les cultes ; enfin, la famille, son organisation particulière et les modalités que subit, chez nous, la transmission des fortunes. Je pourrais développer beaucoup d'autres points de vue, encore. J'aurais voulu vous faire connaître notre agriculture, qui sait utiliser jusqu'au moindre coin de terre ; vous montrer notre paysan, sobre et travailleur, riche du plus gigantesque système d'arrosage que le monde ait jamais réalisé et élevé, d'après les prescriptions de nos livres, tant de fois séculaires, à ne pas perdre un atome de ce qui peut rendre force et vigueur au sol nourricier ; inventant le *Circulus* bien avant Pierre Leroux.

J'eusse voulu encore vous faire assister,

par la pensée, à nos fêtes, à nos plaisirs ; vous montrer combien notre culte national, ennemi des spéculations religieuses et du fanatisme qui en résulte, s'attache exclusivement à la morale, consacrée par la vie de famille.

Mais la tâche est trop vaste et mon entretien deviendrait trop long. Arrivé à la fin de cette démonstration, bien écourtée, si l'on tient compte de la multitude des questions soulevées, je reviens au début, pour vous inviter à comparer un instant les civilisations qui se développent aux deux extrémités opposées du diamètre de la terre : la vôtre plus agitée et plus impétueuse ; la nôtre plus calme, comme il convient à un pays, âgé déjà de plus de cinq mille ans d'existence historique reconnue.

Et lorsque j'aurai exprimé toute mon admiration pour les chefs-d'œuvre de vos arts et de vos sciences, de vos lettres et de votre industrie ; lorsque j'aurai rendu hommage à la merveilleuse clarté de vos méthodes, à la puissance de pensée avec laquelle vous élucidez tous les grands problèmes de philosophie scientifique qui constituent le progrès au XIXe siècle ; alors, je vous demanderai à mon tour votre juste et sérieuse considération pour tout ce qu'il y a de grand et de respectable dans notre civilisation déjà si ancienne : pour nos inventions trente fois centenaires ; pour notre peuple innombrable, si patient et si laborieux ; pour notre constitution politique et sociale, si bien appropriée à nos besoins, grâce à une expérience incomparablement prolongée ; enfin, pour ces magnifiques traités d'amélioration de l'homme, rédigés par nos sages, devenus partie intégrante de notre enseignement national ; qui ont appris aux générations la douceur, la modestie et la tolérance ; et, s'attachant avant tout à perfectionner le cœur humain, ont assis sur une morale élevée les fondations inébranlables de la société chinoise.

J'ai maintenant à vous parler des mœurs de mon pays, de la conception particulière que nous avons de la famille et de son grand initiateur..... l'amour.

Sujet essentiellement difficile à traiter, vu la variété de sentiments et d'idées qu'il comporte ; mais, d'autre part, très attrayant, en ce qu'il nous fait voir que l'homme est gouverné, comme l'espace céleste, par une loi d'attraction aussi indispensable à l'avenir de l'humanité qu'à la conservation de l'univers.

Veuillez donc user d'indulgence envers moi, si je ne triomphe pas de toutes les difficultés, et accorder quelque bienveillance à l'intention qui m'a guidé.

Je ne débuterai pas par une définition de l'amour. Je ne le pourrais, sans me mettre en désaccord à la fois avec les deux camps de la philosophie, les idéalistes et les matérialistes. — J'ajouterai que, parmi les définitions entendues et recueillies par moi, il n'y en a qu'une que je trouve bonne : l'amour, c'est l'amour.

Voilà une définition aussi vraie, aussi simple, aussi sincère que l'amour lui-même. Toutes les autres n'en sont que des répétitions plus ou moins habillées. Je donne ma préférence à l'original : mon avis est de ne jamais habiller l'amour.

Or, à une personne qui ne veut pas de robe,

un tailleur est incapable de confectionner un vêtement, quelle que puisse être, du reste, son habileté et en dépit de la variété et de l'abondance des étoffes dont il pourrait disposer. Mais, heureusement, la grammaire m'est venue en aide. Je l'ouvre et j'y choisis, tout naturellement, le mot aimer. Malgré l'intervalle des temps et la différence des mœurs, ce mot se trouve toujours être le premier dans toutes les grammaires. Il a dû être, n'est-il pas vrai, le premier chant du premier homme, le premier cri de son cœur, comme le premier appel de sa pensée, puisqu'il est la spécialité de l'âme humaine et toute sa science la plus parfaite.

La vie se passe, en effet, à conjuguer ce verbe charmant, à le conjuguer au présent, au passé, au futur; — quelquefois, hélas! au conditionnel.

Ici se place immédiatement une première différence entre votre façon de concevoir l'amour et la nôtre. Avec le secours des lettres de l'alphabet, les Occidentaux ont imaginé des mots, qui notent en langue écrite le bonheur d'aimer. Mais ces expressions qui dénomment l'amour ne le représentent pas ; elles sont muettes comme un catalogue, ou comme le programme d'un concert. Les mots : aimer, to love, lieben, en français, en anglais, en allemand, n'offrent à l'imagination que de pauvres combinaisons de lettres: ils ne sont pas figuratifs. Notre langue, au contraire, telle que nos ancêtres l'ont créée, nous fait comprendre ce que c'est qu'aimer par un caractère idéographique, par une expression symbolique, qui est à la fois un mot et un emblème, qui pense, sent et parle.

Je voudrais mettre ce thème au concours ; je suis convaincu que le jury que je composerais d'hommes et de femmes — car le sujet l'exige — décernerait le prix, d'une voix unanime, à celui de nos philologues qui créa ce caractère, il y a des milliers d'années.

Notre mot aimer est composé de deux signes : le premier signifie *femme*, le second *enfant*. N'est-ce pas là un chef-d'œuvre? J'en appelle à toutes les mères.

J'imagine que l'auteur a dû bien réfléchir,

que sa conception n'a pas été immédiate peut-être, que les deux caractères *homme* et *femme* ont dû se présenter sous son pinceau. — Mais il aura bien vite effacé l'homme ; même à cette époque lointaine, il y avait déjà, sans doute, de mauvais ménages ; et notre penseur s'en est tenu à cette expression charmante et délicate, une *femme* et un *enfant :* voilà le mot aimer !

Depuis, les siècles se sont écoulés, les progrès ont grandi, les hommes sont devenus savants, le caractère aimer n'a jamais varié. Il est éternellement jeune, comme l'amour lui-même. Vous comprenez quel intérêt passionné nous devons attacher à l'étude de notre langue et quelle action profonde cette étude exerce sur l'esprit, puisqu'en même temps que la calligraphie, elle nous enseigne le sens original de chaque expression avec sa valeur réelle. Les caractères sont des rails fixes sur lesquels marche la pensée ; quelle que soit la vitesse d'entraînement que lui communique la passion, cette locomotive toujours en ébullition, elle suit le chemin inflexiblement tracé et n'en déviera jamais.

4

Ce qui précède n'est qu'un échantillon de nos quarante-cinq mille caractères que je soumets à votre examen. Si je ne crains pas de faire ici un jeu de mots, je vous dirai que nos caractères ont vraiment du caractère.

Voilà un des secrets de notre survivance. Ce simple exemple vous en dit bien long sur le principe fondamental et essentiel de notre organisation sociale basée — vous le savez — sur l'institution de la famille.

Celle-ci est tout entière sous le charme de la femme. Cinq principes généraux forment et maintiennent, par l'éducation, le culte de la famille. Ce sont : la fidélité au souverain, le respect envers les parents, l'union entre époux, l'accord entre frères et la constance dans les amitiés. Ces principes, qui sont l'essence même de l'éducation, se réunissent tous dans les liens d'amour entre les époux.

La femme est au milieu des siens, comme une Reine. Son titre de mère est sacré et nos lois en reconnaissent la noblesse et les droits.

L'homme appartient à l'Etat ; mais la femme appartient à la famille qu'elle a mission de faire prospérer pour le bien de l'Etat, à l'aide des vertus dont le créateur compatissant a orné son cœur et qui suffisent à tous ses désirs, partagés entre le bonheur de son mari et l'amour de son enfant.

Sans nul doute, notre femme ne ressemble pas à celle de l'Occident ; mais c'est toujours la femme avec tout ce qui, en elle, ne se définit pas ; et d'ailleurs, à quelques nuances près, l'une et l'autre sont filles d'Eve, s'il faut entendre par cette expression la disposition instinctive qui les pousse à dominer le genre masculin.

L'homme et la femme, en tant que membres de la famille, ont des devoirs particuliers auxquels se rapportent des systèmes d'éducation spéciaux. Leur rôle social est défini d'avance et ils sont élevés de manière à suivre chacun la direction qui convient à sa classe.

L'un entreprendra les études qui conduisent aux emplois de l'Etat ; l'autre ornera son intelligence de la science précieuse du ménage.

Nous pensons, en Chine, que la science approfondie est un fardeau inutile pour la femme :

non pas que nous lui fassions l'injure de la supposer inférieure à l'homme pour l'étude des lettres et des sciences ; mais ce serait la faire dévier de sa véritable voie que de la pousser dans cette direction. La femme, du reste, n'a pas besoin de se perfectionner : elle est née parfaite ; et la science ne lui apprendrait jamais ni la grâce, ni la douceur, ces deux souveraines du foyer domestique qui s'inspirent de la nature.

La vie de famille forme donc la femme chinoise : ainsi élevée, elle n'aspire qu'à être une savante dans l'art de gouverner la famille, car c'est elle qui dirigera l'éducation de ses enfants : elle se contente de vivre pour les siens, et si le ciel lui a donné un bon mari, elle est certainement la plus heureuse des femmes.

Je m'aperçois qu'en parlant de la femme, je m'éloigne un peu par une digression nécessaire, il est vrai, du sujet de l'entretien, qui doit rester sur le véritable terrain de l'amour.

Pour le développer, ne ferai-je pas mieux de vous citer quelques vers de nos maîtres en poésie. C'est rétrospectif, direz-vous : mais notre amour n'est-il pas toujours le même que celui de nos grands-pères ? Je veux aussi donner raison, pour ma part, au proverbe : « On revient toujours à ses premiers amours. » Et puis la poésie est le premier langage de l'humanité. Elle a, en Chine, la même origine que nos monuments écrits les plus anciens. On pourrait même dire que les enseignements primordiaux ont été donnés en vers, de manière à rendre le précepte agréable. Je n'oserais pas affirmer que les législateurs ont eu la pensée de captiver l'attention pour se l'attacher définitivement, quoique le succès des réformes sociales dépende le plus souvent du choix des moyens : mais quelque logique que soit cette interprétation, je serais plutôt fondé à croire que nos premiers ancêtres ne connaissaient que la forme poétique. — Cette opinion a un caractère qui plaît à l'esprit : les anciens étaient en communication plus intimes avec la nature, ils avaient l'âme plus libre, moins préparée ; ils étaient plus *hommes*, au sens psychologique du mot ; ils tenaient moins au sol que les modernes.

4.

Il est visible que le lyrique décroît à mesure que l'humanité veillit ; la simplicité se désagrège, la pensée devient plus difficile à exprimer : elle adopte, de même que la mode, des vête- ments nouveaux qui lui font des costumes su- perbes, mais qui voilent les formes les plus gracieuses et les plus nobles. C'est, en effet, la grâce et la noblesse qui sont les attributs particuliers de notre poésie la plus an- cienne.

Le bon ménage est très en honneur en Chine. Une vieille poésie du *Livre des Vers* le cé- lèbre dans une ode naïve dont voici la traduc- tion :

Le coq a chanté! dit la femme.
L'homme répond : Ce n'est pas encore le jour.
— Lève-toi et va examiner le ciel !
— Déjà l'étoile du matin a paru.
— Il faut partir ; souviens-toi
D'abattre à coups de flèches
L'oie sauvage et le canard.

. . . .

Tu as lancé les flèches et atteint le but :
Buvons un peu de vin,
Et passons ensemble notre vie ;
Que nos instruments de musique s'accordent
Qu'aucun son irrégulier ne frappe nos oreilles !

Telle est la chanson des époux qui ne sont ni Roméo, ni Juliette, quoique l'on pût s'y méprendre. Elle n'a d'autre ambition que d'enseigner les devoirs et non de poétiser les grandes passions.

Plus loin, dans le même livre, je lis cette ode qui peint la bonne harmonie entre deux époux :

La glace étant fondue, déjà les eaux des fleuves recommencent à couler librement.

Le mari et la femme ont cueilli chacun une tige de fleur de lin.

— Pourquoi n'irais-je pas voir la fête? dit la femme.

— Je l'ai vue déjà, répond le mari,
Mais avec vous j'y retournerai.

Maintenant c'est le mari qui chante :

Au-delà de la porte de l'Est, il y a des femmes si souples et si gracieuses qu'elles ressemblent à des nuages du printemps; mais que m'importe, à moi, qu'elles aient la grâce et la souplesse des nuées ? Sous sa robe blanche et sous son voile gris, ma compagne suffit pour me rendre heureux.

J'ai donné pour commencer ces quelques extraits des odes renfermées dans notre *Livre des Vers* dont l'antiquité n'a pas de date.

J'ai parlé de ce *Livre des Vers* dans *les Chinois peints par eux-mêmes*. Car la poésie moderne n'a pas de monuments aussi riches en pensées et en images.

Voici cependant quelques échantillons qui remontent à l'époque de Thang (de 618 à 905) et que nous appelons poésies modernes :

C'est une femme qui dépeint elle-même sa beauté et le cœur humain :

> Les pivoines fleurissent au bord du fleuve.
> Tout le monde dit qu'elles sont plus jolies que moi.
> Mais je longeais hier la rive, où j'ai remarqué
> Qu'à mon passage on ne regardait plus les fleurs.

Dans les vers suivants, on trouve des pensées plus délicates et plus tendres :

> Une figure charmante captive tous les désirs de l'homme,
> Mais le parfum de la femme, c'est le parfum de la pudeur.

. . . .

Voulez-vous connaître la vertu d'une épouse ? Voici une poésie que j'ai essayé de traduire :

Vous m'offrez des perles brillantes, bien que je ne sois pas libre,

En reconnaissance de votre affectueuse sympathie, je les pose un instant sur ma ceinture de soie rouge.

Je suis d'une grande famille et mon mari est au service de l'Empereur.

J'ai juré de vivre et de mourir avec mon époux.

Je vous rends donc vos perles avec deux larmes tremblantes

Et avec le regret de ne vous avoir pas connue avant d'être mariée.

Mes compatriotes ne sont pas voyageurs : quand ils se mettent en route, c'est toujours avec un serrement de cœur. Nos poètes vont vous parler des douleurs que l'absence cause :

Les feuilles et les fleurs tombent comme une pluie persistante.

Je pense toute la journée à toi sans pouvoir te voir.

Mon cœur est brisé en mille morceaux,

Et mes larmes ajoutent tous les jours de nouvelles traces sur mon visage.

. . . .

J'ai une pensée profonde.

Mais à qui pourrai-je la confier ?

Je voudrais que le vent dispersât le nuage,

Afin que je puisse en raconter à la lune.

Je monte donc avec mon luth sur le balcon

Inondé du clair de lune.

A peine je commence un air plaintif,
Que mes larmes versées abondamment font rom-
pre les cordes de l'instrument.
On dit que le fleuve Siang est très profond.
Mais il ne l'est pas autant que ma tristesse.
Car, tout profond qu'il est, il a un fond,
Tandis que ma pensée est sans bornes.
Tu es à la tête du fleuve,
Moi, je suis à l'autre rive.
Nous pensons l'un à l'autre mutuellement, sans
pouvoir communiquer;
Et pourtant nous buvons la même eau du même
fleuve.

.   .   .   .

Si j'avais su que l'absence donnât tant de douleurs que ne peut supporter le pauvre cœur humain,
J'aurais mieux aimé vivre sans te connaître.

Tout en plaignant la pauvre femme, vous
vous demandez sans doute pourquoi, se trou-
vant si près de son mari, elle n'allait pas le
voir et ne le faisait pas venir souvent puisqu'ils n'étaient séparés que par le fleuve
Siang. C'est un peu ma faute; si vous m'adres-
sez cette question : j'oubliais de vous dire
que ces vers datent d'une époque où il n'existait encore ni vapeurs sur l'eau, ni trains de
maris sur la terre. Quoique buvant la même

eau, le mari et la femme se trouvaient éloignés d'une distance de plusieurs milliers de kilomètres. Nous n'avons que deux fleuves en Chine, dont chacun traverse plusieurs provinces.

Quelques autres morceaux montrent encore la profondeur de la pensée des poètes :

> L'année dernière, à cette époque et devant cette porte, ma bien-aimée et les fleurs rivalisaient de beauté.
> Hélas ! Où est ma bien-aimée aujourd'hui ?
> Tandis que les fleurs sourient de nouveau au zéphyr du printemps.

Après l'homme qui parle, voici maintenant la femme qui écrit :

> En fronçant les sourcils, je cueille cette branche de fleur,
> Pour l'envoyer à l'homme qui voyage dans un pays lointain.
> Je sais que cette fleur arrivera sèche et fanée,
> Mais elle représentera exactement, auprès de celui auquel je pense, mon image attristée.

J'ai pris la liberté de vous citer ces fragments de nos poésies anciennes et modernes, que j'ai choisies de préférence à d'autres ; d'abord parce qu'on m'a dit qu'il fut un temps où la

poésie était en grand honneur en Occident et
que dans les soirées il n'y avait pas de réunions
sans le concours de la Muse. — On faisait la
cour en vers, on se désolait en vers, on espérait
en vers, on faisait de beaux vers avec de belles
rimes et de belles images — et ensuite, pour
vous faire connaître l'inspiration de nos anciens
poëtes; ces écrivains des siècles passés ont eu,
en Chine aussi, comme partout ailleurs, le
privilége d'exprimer, d'une manière simple, les
sentiments que les modernes ne parviennent
pas à rendre avec autant de bonheur. La simplicité est une perfection que les lettrés re-
cherchent avec un grand soin, mais il arrive
trop souvent que leurs tentatives sont infruc-
tueuses. Pour atteindre le but, il faut avoir le
sentiment de la nature profondément gravé
dans l'âme et ce sentiment il n'y a guère que la
nature qui le donne.

Lorsqu'on veut dépeindre le sentiment de
l'amour vrai, le style doit être limpide, comme
l'a dit Balzac. C'est une eau pure, qui laisse
voir le fond du cœur entre deux rives ornées
des riens de la vie, émaillées de ces fleurs de

l'âme nées chaque jour, et dont le charme est enivrant.

On n'écrivait pas autrefois pour être lu. Toutes ces pensées sortaient, non de la tête, mais du cœur. N'existe-t-il pas, dans un cœur rempli d'amour, des souhaits incessants, qui donnent plus de prix aux formes désirées, en les faisant entrevoir colorées par le feu des rêves? N'éprouve-t-on pas des irritations qui communiquent le beau de l'idéal aux traits adorés, en les chargeant de nos pensées?

Le passé s'agrandit, l'avenir se meuble d'espérance. Toujours le désir, étendu par un souffle divin d'un bout à l'autre sur l'immensité du temps, nous le teint d'une même couleur.

La poésie, en somme, c'est l'harmonie; et de l'harmonie à l'amour, il n'y a qu'une nuance insensible.

———

Je vous assure qu'il est très difficile de parler de son pays autrement que pour en vanter les charmes. Je me garderai de faire du sentiment à cet égard. Du reste, quand on aime....

son pays il est inutile de trop le dire. Car il
faut supposer que nous avons tous au moins
cette vertu-là, autrement la vie ne serait pas
intéressante. C'est pourquoi je me suis borné
à faire des citations qui, je l'espère, n'ont pas
été trop ennuyeuses.

Un des auteurs européens les plus connus
en Chine est M. Bazin. Ce poète délicat de la
mélodie qui a rendu populaire un refrain que
vous connaissez tous et qui débute ainsi :

La Chine est un pays charmant. . . . .
. . . .
Partout des pagodes, partout des clochettes
. . . .

Cette manière de représenter la Chine n'est
pas banale. — Elle est dans tous les cas bien
française, — et j'aime à vous dire que je connais-
sais ce refrain avant de venir en France, il y
a bientôt quinze ans. J'en avais même conclu,
comme un étourdi que j'étais alors, que la
géographie s'apprenait en musique, et j'avais
adopté pour mon pays, avec un réel plaisir, la
définition que le professeur Bazin avait donnée
de la Chine. Je l'ai adoptée encore aujourd'hui,

pour mieux vous convaincre, quoique certain dicton prétende que, ce qui ne peut pas se dire, on le chante.

Voilà la confidence qu'il me tardait de vous faire.

Mais revenons à nos moutons, pardon ! à nos amours.

Mes compatriotes ne connaissent l'amour que dans le mariage : on se marie de très bonne heure, c'est à dire entre seize et vingt ans.

Dès l'adolescence des enfants, les parents se préoccupent de faire leur choix, mais les époux ne se connaissent que lorsqu'ils sont mariés.

Faire la cour est un plaisir inconnu en Chine et que nos mœurs, du reste, rendent ir-réalisable. Nous nous sommes tout à fait pri-vés de cette période qui précède le mariage et que beaucoup de gens considèrent comme la plus heureuse.

Chez nous, les parents sont les seuls agents matrimoniaux responsables, mais ils ne font pas toujours des mariages excentriques. Qui donc connaît mieux les enfants que leurs propres parents ! Quel père et quelle mère ne désirent le bonheur de ceux auxquels ils ont donné le jour. Donc toutes leurs préoccupations sont de trouver un conjoint ou une épouse digne de leur enfant, issu d'une famille de la même situation sociale. Mais les jeunes gens, une fois unis, apprennent d'eux-même à se connaitre et à s'aimer, à mesure que s'accroit le nombre des années de mariage.

Il n'y a pas de mariages d'argent ou de calcul. On se marie pour perpétuer le culte de la famille, et par respect pour les parents, qui ont fait et feront encore tous les sacrifices pour rendre heureux le couple uni par leurs soins : on arrive presque toujours ainsi à l'harmonie et à l'amour. D'ailleurs la première éducation est faite pour amener cette conclusion.

On ne doit aimer vraiment qu'une fois, pourquoi n'aimerait-on pas celui ou celle qu'on a épousé et qui est choisi par les parents? Les jeunes gens, qui se connaissent pour la première fois, font naturellement tout pour se plaire l'un à l'autre.

Toute la différence consiste en ce que la

connaissance est faite chez nous deux mois plus tard que chez les Occidentaux : mais mieux vaut tard que jamais ; par cette manière de procéder aux mariages, nous échappons au danger d'avoir des vieux garçons et des vieilles filles, que nous considérons comme des phénomènes.

Le célibat est un vice. En Chine, quiconque est bon pour le service est bon pour le mariage. Quelles sont les raisons qui nous font considérer le mariage comme un devoir auquel nul ne doit se soustraire? Je l'ai déjà expliqué : c'est le culte de la famille, avec sa conclusion naturelle : la naissance d'un enfant.

Quant à l'amour, on ne s'en préoccupe pas. L'amour a lui-même son instinct. Lorsque les enfants des deux familles sont unis, l'amour sait trouver le chemin du cœur, comme le plus faible des insectes s'achemine vers sa fleur, avec une irrésistible volonté qui ne s'épouvante de rien. Aussi dans la nature, comme dans le monde des fées, la femme doit-elle toujours appartenir à celui qui sait arriver jusqu'à elle. Je ne veux pas dire que les amours entre enfants de sexes différents subsistent toujours et que tous nos ménages ressemblent à celui de la sublime marquise de Pescaire ; mais, mariés jeunes et entrés pour la première fois en ménage, les nouveaux époux commencent, alors, à se faire la cour — une cour post-matrimoniale : ils ne s'aimaient pas avant, mais ils s'aimeront après : l'hypothèse inverse serait-elle préférable ? Il est bien difficile, d'ailleurs, que le mariage ainsi inauguré n'aboutisse pas à l'amour.

N'est-ce pas une immense conquête pour un homme que d'occuper une femme ? Et pour la femme, quel sacrifice que de renoncer à toute son indépendance pour s'humilier devant un maître ? Certes, il peut se faire aussi que certains mariages soient inégaux, au double point de vue moral et physique ; mais faut-il donc toujours les grâces de l'esprit et la supériorité du caractère pour séduire la femme ou l'homme ?

Un amour vrai oublie les défauts et les imperfections de l'objet aimé pour ne recueillir que son fruit le plus délicieux. Chez des amants de ce genre tout est inattendu, ravissant d'imprévu; et le cœur, dans lequel est gravé le nom de la première et unique personne aimée, est si plein de naïveté et de joie enfantine! Et puis, la vertu aidant, la femme, malgré les années de mariage, sait toujours rendre l'homme heureux par les tendresses et par les soins dont l'homme n'aime que trop à se voir entouré.

J'ai l'air de raconter des merveilles; mais consultez votre histoire, vous verrez que Cléopâtre, Jeanne de Naples, Diane de Poitiers, Mademoiselle de La Vallière, Madame de Pompadour et la plupart des autres femmes illustres étaient aimées et adorées, sans qu'elles fussent pourtant des supériorités intellectuelles ou des beautés parfaites.

L'homme vit plutôt par le sentiment que par la beauté. Car le charme physique a des bornes, tandis que le charme moral est infini. C'est justement sur ce dernier point que nos parents, plus expérimentés que nous, portent toutes leurs attentions.

Si, par malheur, la nécessité d'une séparation temporaire s'impose, bien que ce ne soit pas une *séparation de corps*, la tristesse est profonde. L'amour règne alors plus tendre encore, par la mémoire. Vous avez vu, par les quelques poésies citées plus haut, que les sentiments ne sont nullement amoindris par l'absence, qui n'est un danger que pour les attachements médiocres.

On échange des lettres, dans lesquelles on rencontre toujours ce cœur qui se consume en de vains désirs. Cette entente admirable, cette pensée mutuelle, cette sympathie incessante, sont le secret des attachements durables et des longues passions des amants, l'un et l'autre occupés exclusivement d'un seul être; l'âme finit par embrasser tout le monde moral et n'y voit que les éléments les plus radieux illuminer toute la pensée.

Je voudrais vous traduire quelques lettres d'amour qui vous prouveraient avec quelle fidélité j'interprête les sentiments de mes compatriotes : mais je craindrais de captiver trop longtemps votre aimable attention ; il me suffira de vous dire que, malgré l'expression multiple des pensées, où l'âme et le rêve jouent un si grand rôle, les paroles, chez nous, sont souvent plus tendres et plus sincères que cette audacieuse formule banale qu'on lit tous les jours dans les correspondances personnelles de certains journaux. — En Chine, le cœur ne connaît pas encore le style télégraphique.

Nous ignorons les passions, nous n'admettons que le sentiment. L'amour tourmenté, tyrannisé et tyrannique, paraît, à nos yeux, une exagération invraisemblable. Ces tempêtes violentes, qui s'élèvent dans le cœur, ne laissant après elles que des lendemains sans espoir, sont au-dessus de notre imagination : elles ne pourraient, dans tous les cas, être que très rares dans notre société, où l'autorité paternelle est absolue. Tout est à la piété. Je suis obligé d'employer cette expression qui représente exactement notre passion à nous, en ce qu'elle généralise toutes les inclinations du cœur humain. La piété, comme nous l'entendons, ne signifie pas seulement l'observation des devoirs particuliers d'un culte, mais aussi la fidélité envers tous les devoirs : et c'en est un très noble et très puissant, que celui qui s'est proposé de respecter, d'aimer et de protéger la famille.

La piété filiale est une passion aussi forte, aussi agissante ; elle inspire les grandes actions, les plus grands sacrifices.

Quant à cette espèce particulière de passion qui consiste à s'aimer ardemment et à ne pas se marier, tout en s'adorant, j'avoue sans regret que nous ne la comprenons pas. Je suis sûr que nos spectateurs feraient un très mauvais parti à ce méchant vieillard, qui fait mourir Hernani et dona Sol au moment le plus agréable de la pièce.

Ce drame d'amour n'a aucune chance de succès devant le public chinois.

Nous avons, en revanche, un autre genre de drame d'amour, celui du mariage après le décès du fiancé. Cet acte d'*héroïsme* pourrait sembler incroyable, mais il se présente de temps en temps dans le Pays à l'intérieur de la grande muraille, où les fiançailles sont considérées, non seulement comme un engagement moral, mais comme un contrat formel.

Quelle que soit la distance qui sépare les

fiançailles du mariage, la jeune fille et le jeune
homme, une fois fiancés, s'appartiennent l'un
à l'autre. Si, par malheur, le jeune homme
meurt avant l'accomplissement du bonheur
attendu, la jeune fille, ne voulant appartenir
qu'à la famille de celui qu'on lui avait choisi,
prend une décision que personne, pas même
ses parents ne peuvent annuler. On procède
alors à la cérémonie du mariage, tout comme
s'il y avait un fiancé.

La mariée, après avoir salué le ciel, la terre
et les ancêtres devant lesquels elle se pros-
terne toute seule, au son de la musique joyeuse
des épousailles, quitte sa toilette rouge brodée,
pour prendre celle du deuil qui doit l'enseve-
lir pendant toute sa vie.

N'est-ce pas héroïque? N'est-ce pas l'amour?
Personne n'a le pouvoir de pousser la jeune
fille à réaliser une promesse faite par ses parents, et malgré la mort d'un des contrac-
tants; mais personne, non plus, ne peut s'op-
poser à la résolution prise, tant elle est sincère.

Si quelques courageux amis cherchent à détourner la veuve volontaire de ce projet funeste, ils obtiennent cette réponse :

« Ma volonté est inébranlable », ou « mon cœur ressemble à l'eau du vieux puits où aucune vague ne s'élèvera ».

Par cet acte vraiment héroïque, elle accomplit deux devoirs sociaux : celui de rester fidèle à l'homme auquel elle a promis sa main, et celui de le remplacer pour prodiguer des soins filiaux à ses parents. On lui donnera comme fils d'adoption un enfant de la famille qu'elle élèvera avec toutes les tendresses d'une mère et de l'affection duquel elle attendra sa récompense. Elle placera son ambition dans le cœur de son enfant : par lui, elle pourra devenir noble, honorée. A défaut de cela, elle sera également récompensée par l'État qui, à ses frais, fera élever devant sa porte un arc de triomphe en pierre où se trouvent gravés le nom et la vertu de notre héroïne, vouée désormais à l'immortalité ! Quand un sentiment pareil réside dans le cœur d'une femme, il est une force. Nous avons fait de la femme un être espérant toujours. C'est cet espoir qu'elle oppose aux douleurs qui l'assiègent, puisque le mari lui-même brille par l'absence.

Mais cet espoir ne peut venir à la jeune fille qu'après qu'elle a fait le saut du célibat au veuvage : je ne crois pas qu'il ait eu quelque influence au moment de la grave détermination. L'amour seul peut alors la guider.

Je vous demande pardon de vous avoir fait un récit un peu sombre. Il est cependant digne d'intérêt, vu que tout héroïsme, quelle que soit sa nature, mérite d'être connu.

En Europe, ce même amour existe : mais au lieu d'épouser quand même le défunt, la jeune fille prend la route du couvent. La forme varie, au fond c'est la même chose, c'est toujours le même sentiment qui conduit la décision. L'une et l'autre, aux deux extrémités des deux continents européano-asiatique, disent le même suprême adieu à la vie, avec cette différence que l'une est vouée à Dieu et l'autre aux parents vivants, auxquels elle cherche à apporter un peu de consolation, en remplaçant autant que possible le bien-aimé fils, arraché trop tôt du sein de la famille. Mais c'est toujours le même amour, pour celui qu'on ne voit plus, qui inspire ces deux sortes de sacrifices.

Pour reprendre la note gaie, que je me suis promis de vous consacrer aujourd'hui, je vous demande la permission de vous citer encore quelques poèmes chinois, transcrits en vers par M. Blémont. Je les ai choisis parce qu'ils simplifient d'abord ma tâche et que leur traduction élégante et rimée sera plus agréable à mon auditoire que mon humble travail qui n'est qu'un mot à mot peu orné.

AVEUX

Ma petite sœur cadette,
Tout fleurit, le ciel est bleu ;
Je t'aime et j'en perds la tête ;
Dis, veux-tu m'aimer un peu ?

Un ardent désir m'enivre !
Mes efforts sont superflus :
Sans toi, je ne peux plus vivre,
Et rien, sans toi, ne m'est plus.

A ton souffle pur, je plie
Comme un saule au vent d'été ;

Je rêve de toi; j'oublie,
Pour toi, le riz et le thé.

Sois plus tendre et moins coquette,
L'amour est un si doux jeu !
Ma petite sœur cadette,
Dis, veux-tu m'aimer un peu ?

Un jeune poète pense à sa bien-aimée, qui habite de l'autre côté du fleuve.

La lune, dans la nuit sereine,
Monte au cœur du clair firmament,
Elle y monte, et, comme une reine,
S'y repose amoureusement.

Sur l'eau voluptueuse et lasse
Qu'un rêve bleu semble bercer,
Une brise légère passe,
Repasse, ainsi qu'un long baiser.

Quel accord pur, quelle harmonie,
Quel espoir calme en l'avenir,
Respire l'union bénie
Des choses faites pour s'unir !

Mais rien n'est complet dans nos fêtes,
Le bonheur est rare ici-bas ;
Et la plupart des choses faites
Pour s'unir — ne s'unissent pas.

Lettre d'une jeune femme à son mari qui fait la guerre.

Il est telle fleur, frêle et pure,
Qui ne peut croître sans appui ;
Il est tel cœur, dont la nature
Veut un cœur plus fort près de lui.

Mon amour ne prévoyait guère
Ce que lui réservait le sort :
Épouser un homme de guerre !
Mieux peut-être eût valu la mort.

Je ne fus qu'un jour votre femme ;
Et vite il a fui, ce beau jour !
Dès le lendemain, vous, mon âme,
Vous quittiez mon pauvre séjour.

Je m'étais promis de vous suivre
Et de m'attacher à vos pas ;
Mais là-bas, tous deux, comment vivre ?
Je vous aurais gêné là-bas.

Songez-vous, hélas ! à l'épouse
Qui vous désire en sa langueur ?
De l'amour la guerre est jalouse !
Quand donc reviendrez-vous vainqueur ?

Mon vêtement de toile fine,
Je l'ai tissé patiemment ;
Mais je suis d'humeur trop chagrine
Pour mettre mon fin vêtement.

Les oiseaux volent dans l'espace,
Et tous ils volent deux par deux ;
Devant leur bonheur pur qui passe,
Les pleurs gonflent mon cœur douteux.

Tout appel du plaisir me froisse,
Je renonce aux fards éclatants :
Je vous attends avec angoisse ;
Seule et triste, je vous attends.

N'est-ce pas plus gentil et plus touchant, ces lettres transformées en vers ? On a beau dire, l'amour a besoin de la poésie. Mais il a fallu la muse d'un poète distingué pour pouvoir, tout en conservant les idées, rendre exactement les sentiments simples, vrais et sincères exprimés dans ces trois petits billets doux.

Maintenant, pour essayer d'imiter ce qui précède, je soumets à votre examen un petit refrain d'amour en vers :

Hélas ! mon triste cœur malade
Se meurt, ô cruelle, et pour vous,
Pour vous que j'adore à genoux,
Immortelle du ciel de jade.

A votre approche enchanteresse,
J'ai vu la fleur s'épanouir :
La pâle lune et le zéphyr
Semblaient redoubler de tendresse.

6.

Mais la fleurette à peine éclose
Se flétrira sur votre sein !
Et le zéphyr, chaste larcin !
Frôlera votre bouche rose !

Jusqu'en vos grands yeux de gazelle,
La lune, miroir argenté,
Enverra sa douce clarté,
Moins douce que votre prunelle !

Je voudrais, désir — sacrilège ! —
Je voudrais, pauvre audacieux,
Baiser ta bouche et tes grands yeux,
Puis, mourir sur ton sein de neige ?

Rien ne diffère dans les sentiments qui, chez tous les peuples, ont donné naissance à la poésie. Nous adorons la poésie, la musique, les fleurs, la lune et tout ce que la nature crée de merveilles. Ce sont là, si je ne me trompe, les attributs de la civilisation universelle.

Tous les êtres humains sont divers, et, par suite, toutes les sociétés sont différentes. Elles peuvent être toutes sentimentales, mais chacune selon le sens qu'elle attribue à ce mot. Personne n'a le monopole de la perfection, il suffit pour chacun d'avoir dans son esprit une aptitude définie à l'étude du cœur humain.

Or le cœur est le même dans l'humanité tout entière, malgré la distance diamétralement opposée. Avec ce premier fond naturel si bien fait pour que nous puissions nous comprendre, et la facilité que nous a procurée la cience pour nous entendre, nous éviterons, il faut l'espérer, la guerre et ses conséquences désastreuses.

L'égalité créera la fraternité, l'amour vaincra la guerre. Après tout, c'est peut-être la seule espérance de paix et sa garantie la plus sérieuse.

Il vous paraîtra peut-être que je viens de me laisser entraîner très loin de mon sujet. C'est que l'amour, aussi, nous mène bien loin. D'ailleurs il me fallait conclure, et si c'est là toujours chose peu aisée, cette difficulté n'est jamais plus grande que lorsqu'il s'agit de *conclure*..... en fait d'amour.

UNE JEANNE D'ARC CHINOISE

Jeanne d'Arc est à l'ordre du jour : on joue, on célèbre, on discute l'héroïne de la guerre libératrice.

Les uns, fidèles à la tradition, veulent que « la bonne Lorraine » ait réveillé les énergies assoupies, et enthousiasmé la France entière; qu'après avoir chassé l'Anglais, elle ait été condamnée par le tribunal ecclésiastique et brûlée vive à Rouen.

D'autres soutiennent que Jeanne a joué, dans cette lutte, un rôle tout à fait secondaire; que les véritables organisateurs de la défense ont bien pu se servir d'elle, pour entraîner quelques soldats superstitieux; mais que c'est là tout. De plus, au lieu de mourir sur le bûcher : Jeanne, rendue à la vie civile, se serait mariée et aurait vécu heureuse et eu beaucoup d'enfants.

La question religieuse intervient à son tour, dans ce débat. Pour les croyants, Jeanne est et demeure une vierge inspirée, envoyée par le Ciel pour délivrer la France envahie.

Les rationalistes, au contraire, voient en elle une patriote hallucinée, prenant ses rêves pour des réalités et agissant en conséquence : une malade, en un mot.

Entre ces deux opinions, il n'y a pas d'accord possible. La querelle durera aussi long-temps que les discussions religieuses elles-mêmes.

Je n'ai pas la prétention, bien entendu, d'apporter un élément, si petit fût-il, à la solution du problème historique. Je me contente de lire, avec beaucoup d'intérêt, les documents que les érudits ont rassemblés à grand'peine. Je ne m'occupe pas davantage de l'intermi-nable question religieuse, qui est encore bien moins de ma compétence.

En revanche, un point m'a frappé, dans cette discussion, et je veux en dire quelques mots :

ne fût-ce que pour montrer quel abîme sépare, ici, les conceptions européennes de nos idées asiatiques.

Le public semble attacher, en effet, une importance extraordinaire à savoir si Jeanne est morte vierge, ou si la patriote est devenue femme et a eu des enfants. Ce n'est pas le fait, en lui-même, qui paraît intéresser les partis en présence, on dirait plutôt que la constatation de la vérité historique devient secondaire ; la discussion s'anime, comme s'il s'agissait d'une grande question de principe à fixer.

J'avoue ne rien comprendre à cette passion qu'on montre aujourd'hui pour ou contre le mariage de Jeanne d'Arc. Qu'elle ait péri vierge et martyre, ou qu'elle se soit endormie pour toujours, au milieu d'une nombreuse postérité ; qu'est-ce que cela peut bien faire aux adorateurs de la patriote de Domremy? Son mérite sera-t-il diminué, parce qu'après avoir lutté pour son pays, elle aura bien élevé ses enfants et vieilli à côté de son mari ?

D'autre part, sa valeur sera-t-elle plus grande

parce qu'elle sera morte sans avoir vécu de la vie commune ?

En Chine, nous ne faisons pas attention à ces détails, qui, loin de nous passionner, ne nous intéressent même pas. Et pourtant, nous avons aussi, nous, notre Jeanne d'Arc à nous : celle qui, sous la dynastie des Han, sauva le pays de l'invasion des Hiong-nou, de ces Huns qui devaient épouvanter l'Europe, sous Attila.

Ces infatigables pillards, établis sur les frontières de la Chine, entretinrent, pendant plusieurs siècles, des guerres presque continuelles ; leurs incursions, toujours renouvelées, ne cessèrent que, lorsqu'à la fin du IVe siècle, se sentant définitivement repoussés du territoire chinois, les Hiong-nou se jetèrent vers l'ouest, poussèrent devant eux les Goths et autres tribus germaines et portèrent en Europe les ravages par lesquels ils avaient longtemps désolé la Chine occidentale.

Un poème, que tous les enfants apprennent dans mon pays et que je sais encore par cœur, nous parle dans les termes suivants de cette vaillante fille, qui, dans une des invasions des

Hioung-Nou, sut vaincre ces redoutables ennemis :

> Elle devrait, disait la mère, être occupée à tisser,
> Dans sa chambre de jeune fille ;
> Pourtant, au lieu du bruit de la navette,
> J'entends des soupirs et des gémissements.
> « Qu'as-tu Mou-Len, que penses-tu
> As-tu du chagrin, as-tu du souci ?
> — Mère je n'ai pas de chagrin ; mais j'ai des soucis.
> Car, hier soir, j'ai vu, dans la *Gazette officielle*,
> Que le Khan va réunir tous les soldats sous les drapeaux
> Et dans toutes les ordonnances impériales,
> Mon père est mentionné, comme devant partir.
> Mon père, hélas ! n'a pas de fils en âge :
> Je n'ai pas de frère aîné.
> Que je voudrais acheter un cheval et un harnais ;
> Pour partir, en remplaçant mon père !
> — La mère cherche à la retenir, mais la résolution de la jeune fille est irrévocablement arrêtée. On dut la laisser faire.
> Elle courut aux marchés de l'est et de l'ouest,
> Pour acquérir sa monture et ses bagages.
> Le lendemain matin, elle dit adieu à ses parents.
> Le soir, les troupes stationnaient au bord de la mer Jaune.
> Là, elle n'entend plus les appels de son père et de sa mère.
> Seul, retentit le bruit des vagues
> Qui se brisent avec fracas contre le rivage ;

On repartit le lendemain, pour bivouaquer,
Au couchant du soleil, près de la mer Noire (1).
Là, on entend, non plus le bruit des vagues,
Mais les chevaux hennissants des Hioung-Nou.
(Huns).
La glace de l'hiver fait briller davantage les armes
étincelantes.
Et le froid pénètre dans le corps des hommes,
A travers leurs cuirasses.
Après cent combats, les généraux furent tués.
On les remplaça par le brave des braves :
C'était Mou-len !
Dix années dura cette vie de guerres.
Au bout de ce temps, Mou-len put, heureusement,
Remporter la victoire définitive.
Son retour dans l'empire fut triomphal.
Le Khan alla au-devant d'elle ;
Au pied du trône, la plus belle récompense
Allait lui être décernée.
Douze décrets d'anoblissement lui étaient préparés,
Avec une donation de 100,000 lingots.
Mais Mou-len dédaignait tout cela !
Elle ne demandait qu'une seule chose :
Qu'on lui prêtât la monture la plus rapide,
Pour qu'elle pût se rendre auprès de ses parents.
Ce désir fut exaucé !
Son père et sa mère sont venus l'attendre
Au-delà de la porte du village,
Son jeune frère tue moutons et porcs

(1) On appelle mer Noire, en Chine, la partie de l'Océan
qui sépare la mer Jaune du golfe du Petchi-li.

Pour préparer le festin ;
Et sa petite sœur, coquettement parée,
Lui réserve ses plus tendres baisers.
Elle arrive et rentre chez elle.
Elle se dépouille de sa tenue militaire,
Et reparaît en costume de femme,
Devant ses compagnons d'armes
Qui l'ont escortée et qui l'attendent
En bas dans la salle.
Comme ils sont étonnés de retrouver leur général
en chef
Dans une simple paysanne !
Tout en l'admirant et la respectant davantage,
Ils sont honteux de n'avoir pu
Deviner son sexe,
Pendant toute la durée de la guerre !

Jeanne d'Arc et Mou-len offrent de nombreux traits de ressemblance, mais se distinguent aussi par des côtés très différents. Toutes deux sont filles de race paysanne. Toutes deux vivent simplement, occupées aux travaux pénibles de la campagne. Toutes deux aiment leur pays et réussissent à chasser l'envahisseur étranger.

Mais la ressemblance s'arrête à ces caractères généraux : on dirait, dès lors, deux sœurs qui, sans présenter de traits semblables, ont conservé, dans leur physionomie, cette expression commune, cet ensemble qu'on appelle « l'air de famille ».

Mou-len, en effet, est une paysanne chinoise, sans exaltation, sans mysticisme. Le merveilleux n'apparaît nulle part, dans son existence. Elle n'a point de visions, n'entend point de voix, ne communique point avec le ciel, n'est pas protégée des saints ou des anges, n'accomplit pas de mission divine. Son rôle est bien plus modestement, plus naturellement humain.

Elle ne se croit même pas appelée à délivrer sa patrie. Jamais elle n'a rêvé de jouer le rôle brillant que lui font les circonstances.

La paysanne chinoise sait lire et son inspiration lui vient, très prosaïquement, de la *Gazette officielle*. Elle a lu, dans les décrets appelant les soldats, le nom de son père. Elle sait, qu'en vertu des ordres impériaux, sa famille doit fournir un homme à l'armée.

Son père partira-t-il? Que deviendront, alors, sa mère, son jeune frère? Elle est fille trop bonne. Elle comprend qu'il faut qu'elle se dévoue pour eux, qu'elle parte, déguisée en homme, assez bien déguisée pour que personne ne la puisse reconnaitre. Ici, comme pour Jeanne d'Arc, la famille résiste et l'héroïne triomphe de cette résistance.

Mou-len part ; elle est devenue un simple soldat. La renommée ne l'a point précédée. Pas de légende autour de son nom ; point de bannière ; point de roi déguisé et miraculeusement reconnu. Tout se passe de la manière la plus ordinaire. Mou-len est un soldat comme tant d'autres ; un soldat qui se bat avec un courage extraordinaire, monte rapidement en grade, et, surnommé « *le brave des braves* », est porté au commandement en chef, après la mort des généraux.

Elle montre, alors, de véritables capacités militaires ; elle lutte pendant dix ans et finit par réduire l'ennemi à l'impuissance.

Maintenant, elle a joué son rôle. Comme Jeanne, elle demande à rentrer dans sa famille. Elle a été à la peine et ne veut même pas être à l'honneur. Plus heureuse que la Lorraine, on lui permet de retourner chez elle. L'escorte qui

l'accompagne apprend seulement, en la re-
voyant sous ses vêtements de paysanne, que
l'illustre général n'était qu'une jeune fille.

L'histoire se poursuit avec la même simplicité. Après avoir été bonne fille, Mou-len con-
tinuera à partager le sort du commun des mor-
telles. Elle sera bonne épouse et bonne mère :
tout ce que M. Lesigne veut qu'ait été Jeanne
d'Arc.

Quelle est, maintenant, celle des deux hé-
roïnes que lecteur devra préférer? C'est là,
avant tout, conception nationale, question de
milieu.

Le moyen âge, en Europe, devait évoquer, à
coup sûr, une figure entourée de tout un cortège de légendes, de merveilles, d'anges et de
saints, de rêves et d'apparitions ; une inspirée,
vierge et martyre.

Au contraire, le rationalisme de notre vie
de famille, — qui est le calque de notre existence nationale, — ne pouvait créer qu'une fille
simplement dévouée aux siens, arrivant à sortir des rangs par la force des choses ; puis, la
besogne faite, redevenant jeune fille, dépouil-

lant avec joie son déguisement militaire, pour rentrer dans le cycle de la vie de famille, se marier comme tout autre, avoir des enfants et oublier, dans l'accomplissement de devoirs nouveaux, le roman héroïque de sa jeunesse guerrière.

Jeanne d'Arc incarne le mysticisme enthousiaste du moyen âge français.

Mou-len personnifie la famille chinoise et nos institutions patriarcales.

L'ÉCOLIER CHINOIS

Il faisait sombre, ce soir-là, dans le faubourg d'une ville dont je ne me rappelle plus le nom. Un homme de haute taille, revêtu d'un long manteau à capuchon ouaté, suivait lentement une petite ruelle obscure : son bras gauche ramenait sur son visage la large manche de sa robe fourrée qui le protégeait contre le souffle glacial de la bise.

Tout à coup, il s'arrêta devant une maisonnette construite en bois, où il lui semblait entendre des gémissements. Il écouta : les cris plaintifs d'une femme, mêlés aux vagissements d'un enfant, sortaient de cette masure, d'apparence très pauvre.

L'homme frappa à la porte. Les cris de la

femme cessèrent ; d'une voix faible, elle demanda qui était là ?

— C'est un passant, qui désire savoir pourquoi vous vous plaignez.

— Je suis malade, répondit la voix, de l'intérieur. Je ne puis aller vous ouvrir : je me suis sentie incapable de me lever ce matin. Et mon petit enfant pleure de faim, car je ne puis rien lui donner : je n'ai rien mangé depuis hier.

— Votre mari n'est donc pas là ?

— Il est mort deux mois avant la naissance de l'enfant. Je suis veuve. Je vivais de mon travail, mais la maladie m'a laissée sans aucune ressource.

— Tranquillisez-vous ! Dans quelques instants, je vous enverrai des secours suffisants pour vous soigner.

Il n'attendit même pas que la femme eût prononcé le mot « merci » et s'éloigna rapidement.

Cet homme était le sous-préfet de la ville, tout nouvellement nommé : un lettré distingué et un homme de bien, avant tout. Jaloux de se rendre compte par lui-même des souffrances du peuple, il passait ses soirées à parcourir les rues les plus pauvres, pour étudier le caractère de ses administrés, et apprendre à mieux connaître leurs besoins. Car, se disait-il souvent, représentant de l'empereur (qui, dans l'organisation patriarcale de la Chine, est regardé comme le père de ses sujets), il devait se considérer lui-même comme le père de tous les citoyens du ressort de son administration, prendre soin d'eux comme de ses propres enfants, se montrer sévère pour ceux qui se conduisaient mal, et plein de bienveillance pour quiconque souffrait.

De retour chez lui, il s'empressa de prendre cinq écus d'argent dans sa cassette privée, et envoya son commis les porter à la pauvre malade. Le messager, malheureusement, n'était pas la fidélité même. Il jugea le secours trop fort pour une pauvre femme du peuple et garda trois écus dans sa poche, dans laquelle, disait-il, cet argent était bien mieux placé. Il remit deux écus à la pauvre femme, qui se confondit en remerciements et apprit alors que son bien-

faiteur était le premier magistrat de la ville.
Deux écus d'argent font une assez forte somme
en Chine.

Grâce à ce trésor, la pauvre mère, put se
soigner et retrouver ses forces. Dès que sa santé
lui permit de se lever, elle brûla un bâton
d'encens devant l'autel du ciel, afin de demander longue vie pour son protecteur.

Lorsque enfin elle pût sortir, elle se hâta
d'aller, avec son petit garçon dans ses bras,
remercier le sous-préfet et lui dire que, grâce
aux deux écus qu'il lui avait donnés, elle était
rétablie et avait retrouvé du travail. Le sous-
préfet ne fut pas peu surpris d'apprendre que
ses cinq écus s'étaient réduits à deux. Il fit venir son commis et le condamna, — le sous-préfet
est en même temps juge, — à payer immédiatement à la veuve dix fois la somme soustraite,
soit trente écus.

Puis, avant de congédier sa protégée, le
magistrat voulut voir l'enfant. Il trouva que
le petit garçon, âgé alors d'un peu plus de huit
mois, avait le front bombé et la figure très
intelligente. « Il faudra tâcher de le faire ins-

truire, dit-il à la mère. Peut-être ce fils, qui paraît si bien doué, fera-t-il l'honneur de votre famille. »

L'instruction, regardée partout comme la plus grande richesse de l'homme, est appréciée de tous en Chine et cette haute estime s'explique : tout Chinois sait que son pays est gouverné par la classe des gens instruits, appelés les *lettrés*, ayant passé plusieurs examens très difficiles et parmi lesquels sont choisis tous les fonctionnaires du pays.

Les études les plus brillantes conduisent aux grades les plus élevés. Chaque famille a donc un puissant intérêt à voir ses enfants arriver à l'instruction la plus complète possible.

On se figure combien la pauvre mère fut heureuse de caresser cette espérance pour son petit garçon qu'elle appela désormais Than-Tsang, ce qui veut dire : « Conservé grâce au bienfait. » La pensée d'être un jour heureuse par son enfant, lui donna le courage nécessaire pour se priver mille fois, plutôt que de toucher aux trente écus d'argent, qu'elle regarda comme un dépôt sacré, destiné à assurer l'avenir de son fils.

Le jeune Chan-Tsang arriva ainsi à l'âge de six ans. Sa mère, alors, trouva dans le voisisinage un professeur; c'était un lettré très érudit, que sa timidité excessive avait toujours fait échouer aux examens, et qui, finalement, désespérant de vaincre l'angoisse qui s'emparait de lui et le privait de tous ses moyens, dès qu'il s'agissait des concours, s'était voué à instruire les petits enfants et gagnait ainsi sa vie. Il avait loué, dans un temple, une grande salle, où il recevait ses élèves. Car, dans l'Empire du Milieu, c'est dans les temples ou les monastères que s'installent les écoles.

La pièce était toute simple, les murs nus; sur une table, placée au fond, reposait la tablette de Confucius. Une grande table pour les maîtres, d'autres, plus petites pour les élèves, étaient chargées de pinceaux, d'encriers-godets, de bâtons d'encre, de papier fin couleur crème.

C'est là que Chan-Tsang fut placé, moyennant trois écus par an : il y débuta à la première lune, date correspondant au mois de janvier. On choisit pour l'entrée un des jours heureux déterminés par le calendrier.

La mère, enchantée, conduisit à l'école son enfant, qui portait fièrement sous son bras ses livres et cahiers, enveloppés dans une toile bleue, et attachés par un ruban rouge, au bout duquel était fixée une sapèque, monnaie à trou carré, servant d'agrafe. Une paire de bougies, trois bâtons d'encens, et quatre petits rouleaux de papier, étaient destinés à être offerts à Confucius. Chan-Tsang portait un grand chapeau de drap, à bords relevés, mais sans bouton et dont une frange rouge couvrait le milieu. Le bouton qui surmonte le chapeau, en Chine, est l'insigne d'un grade, auquel l'écolier n'aura droit qu'après avoir passé l'examen de bachelier.

Arrivé au temple, le petit garçon suivit ses camarades : chacun alluma, à son tour, ses bougies sur les candélabres, et brûla ses bâtons d'encens, piqués dans le brûle-parfums rempli de cendre.

Puis, Chan-Tsang se prosterna devant le

grand philosophe et brûla ensuite les petits rouleaux de papier, représentant l'étoffe sur laquelle on écrivait avant l'invention du papier et symbolisant les étoffes que les disciples de Confucius lui offraient de son vivant. Puis, se retournant vers le professeur, l'élève le salue également en se prostenant.

Toutes ces cérémonies terminées, le maître d'école prend place sur sa chaise et délaye le vermillon dans un godet; puis, il montre successivement 18 caractères (en chinois, chaque mot est exprimé par un caractère spécial) et les prononce; l'élève les répète en regardant le texte; le professeur, alors, écrit sur le livre de l'écolier, au vermillon, la date du jour, et l'apprenti-lettré retourne à sa place, pour apprendre ses mots.

Quand toute la classe a terminé ce premier exercice, chacun apporte son cahier au professeur, qui y écrit, en rouge, des caractères que l'élève, assis sur le genou du maître ou debout à côté de lui, retrace; le professeur conduit la main de l'élève, pour l'habituer au tracé difficile des caractères. En même temps,

il prononce les mots à mesure qu'il les écrit,
et l'élève les répète.

Puis les enfants relisent et viennent demander au professeur les mots qu'ils ne se rappellent pas.

Le lendemain, chacun doit savoir réciter la
leçon ainsi dictée.

Chan-Tsang n'avait pas son père, pour l'ai-
der à la maison et sa mère était illettrée ; il
eut d'abord beaucoup de difficultés. Mais il
était si intelligent et si studieux, et l'exemple
du sous-préfet, dont sa mère ne cessait de lui
parler, le stimulait si bien, qu'il triompha de
tous les obstacles. Il fallait le voir, le soir,
assis à côté de sa mère, s'essayer à écrire, à répéter la leçon de la journée !

Au bout de trois mois, il avait déjà terminé
l'étude de son premier livre, et le savait par
cœur. Alors au livre des *phrases de trois
mots*, succéda celui des *mille mots*, qu'il apprit plus vite que tous ses petits condisci-
ples.

A la quatrième lune, on célébra la fête des
écoliers. Ce jour-là, tous les élèves se réunis-

sent à l'école, où a lieu un petit banquet par souscription. Chaque élève offre un cadeau en espèces au professeur, et celui-ci donne à chacun d'eux un éventail. De plus, il place sur la table une statue, représentant le dieu de la littérature : chaque élève jette trois dés, et le plus gros point gagne la statue. Chan-Tsang fut favorisé par le hasard. Le professeur frappé déjà de son intelligence et de son assiduité, vit dans cette chance un heureux présage pour son avenir et fonda de grandes espérances sur cet élève. Car, en Chine, c'est une gloire pour le maitre aussi, lorsqu'un de ses élèves arrive aux honneurs : en effet, dans la distribution de sa thèse de licence et de doctorat, l'étudiant doit mentionner les noms de tous les professeurs qui lui ont donné leur enseignement.

Désormais, le maitre d'école, auquel Chan-Tsang devenait de plus en plus sympathique, s'attacha spécialement à développer cette jeune intelligence ; il pria la mère de le laisser toujours sous sa direction, et n'accepta pas même une augmentation d'honoraires, bien méritée pourtant, mais dont il ne voulait pas charger cette pauvre famille.

Quatre années s'écoulèrent ainsi, pendant lesquelles Chan-Tsang termina les livres *classiques* de Confucius et de Mencius. Quatre années de labeur incessant, et qui paraîtraient difficiles à supporter à l'écolier européen. En Chine, nous n'avons, en effet, ni récréations ni dimanches; les seuls congés sont ceux des trois grandes fêtes : cinq jours, pour la fête du *Dragon*; cinq jours pour celle de la Lune; un mois, enfin, pour la *Fin de l'Année*. Libre seulement pendant ces six semaines, l'élève chinois travaille tout le reste du temps. Il arrive à l'école, le matin, à neuf heures. A midi, il va déjeuner, pour revenir à deux heures et ne partir qu'à la tombée de la nuit. En général, nos écoliers ne se plaignent pas d'être surmenés et travaillent d'une façon très satisfaisante. S'ils font mal, la punition la plus généralement usitée consiste à faire lire au jeune insoumis, debout sur une chaise ou agenouillé devant la tablette de Confucius, un chapitre des livres de notre grand philosophe.

8.

Notre héros passa trois années encore avec son bon maître. A l'âge de treize ans, il avait étudié les *King* ou *livres sacrés*. Il connaissait à fond l'histoire de la Chine et les ouvrages des *Tse* (philosophes). Ses compositions littéraires, d'une précocité exceptionnelle, lui valurent l'admiration de nombreux lettrés.

« Tu pourrais déjà, lui dit un jour son professeur, te présenter à l'examen du premier degré. Mais, jeune comme tu l'es, je crains que tu ne t'intimides et je veux t'éviter le malheur qui m'a frappé moi-même. Mieux vaut donc attendre encore un an. Alors, plus sûr de toi, tu pourras aborder hardiment la première, « la terrible épreuve ».

Ainsi fut fait. A l'expiration du délai fixé, Chan-Tsang se présenta. Examiné tour à tour par le sous-préfet, le préfet et l'examinateur impérial, il fut reçu avec une excellente note.

Je laisse à penser la joie de la mère, qui voyait déjà tous ses beaux rêves réalisés! Un seul chagrin se mêlait à tant de bonheur: l'absence du bon sous-préfet que nous avons connu au début de ce récit et qui, depuis, avait été appelé à d'autres fonctions.

Le jour de la procession des nouveaux bacheliers, Chan-Tsang, qui portait pour la première fois la robe bleue à larges bordures noires et le chapeau surmonté du bouton d'or en forme de cigogne, dut rejoindre seul et à pied, au temple de Confucius, ses camarades plus riches, venus en chaises à porteurs, accompagnés de fanfares et précédés de bannières de soie rouge fixées à l'extrémité de deux branches de bambou vert. Il se rendit, de même, chez les examinateurs et revint à la maison saluer sa mère.

La pauvre femme pleurait de joie et aussi un peu parce que leur situation précaire ne permettait pas à son fils de fêter sa victoire en grande pompe, comme les autres.

Chan-Tsang la consola gaiement : « Qu'importe le cortège, fit-il, en l'embrassant ! Je n'en suis pas moins bachelier, et c'est à toi que je le dois ! »

Le bon fils savait bien que c'était le labeur de sa mère qui le faisait vivre et se promit de continuer à faire tous ses efforts pour la récompenser de son dévouement et de ses sacrifices. Il tint parole.

L'année suivante, il fut licencié. Son jeune âge et ses succès attirèrent l'attention des notables de la ville. Les gens riches tiennent énormément à avoir des lettrés dans leur famille.

C'est ainsi que Chan-Tsang épousa la fille d'un des commerçants les plus riches de sa ville natale.

Désormais, il pouvait montrer à sa mère combien il lui était reconnaissant, et sa jeune femme, pleine de piété filiale envers celle qui avait tant fait pour son mari, rivalisa de zèle avec lui pour donner à l'excellente mère tout le bonheur possible.

Dans ce doux milieu de tendresse et de bonheur, Chan-Tsang ne perdit pas l'énergie des anciens jours. Deux ans après, il passa le troisième examen. Il fut reçu docteur et membre de l'Académie des Han-Ling. Sa carrière, dès lors, fut si rapide, qu'à l'âge de vingt-huit ans, il était nommé à l'un des postes les plus élevés qu'on puisse atteindre en Chine et devint gouverneur d'une province.

Un événement tout à fait extraordinaire devait lui permettre d'acquitter une dette de reconnaissance qu'il avait, depuis longtemps, à cœur. L'homme si excellent, qui avait donné autrefois des secours à sa mère malade, était préfet d'une des villes de la même province, et continuait à faire modestement le bien autour de lui. Malheureusement, il s'était attiré l'inimitié d'un censeur, personnage très influent, mais qui avait abusé de son autorité et qui, sur le point d'être démasqué par le préfet, prit les devants, en calomniant cet honnête magistrat.

Un décret impérial ordonna au gouverneur de faire une enquête. Chan-Tsang manda le préfet auprès de lui et fut aussi heureux qu'étonné de se trouver en face de son ancien bienfaiteur. Sachant à quel homme de bien il avait à faire, il n'eut pas de peine à démontrer que le préfet était victime des fausses accusations d'un coupable. Il sauva ainsi celui qui, autrefois, lui avait sauvé la vie, et confirma de nouveau ce vieil adage : qu'un bienfait n'est jamais perdu.

Voilà notre écolier de jadis au comble du bonheur. Nous ne le suivrons pas plus loin dans son existence heureuse.

Je dois ajouter, cependant, que tous, en Chine comme en France, ne voient pas leurs efforts couronnés de même succès. Beaucoup échouent sur la route qui mène à la gloire et à la fortune. Beaucoup vivent simplement, modestement, dans une médiocrité suffisante, qui n'a point d'histoire.

Et ceux-là sont bien rares qui peuvent aplanir tous les obstacles, triompher de toutes les difficultés et réussir aussi vite et aussi bien que le petit écolier Chan-Tsang.

L'HISTOIRE DE LA DUCHESSE NIEN

Sous le règne de l'empereur Tien-Pao, de la dynastie des Thang, un gouverneur de Tchang-Tcheou, nommé Kung, était devenu très riche et très puissant. Il avait un fils, âgé de seize ans, très intelligent et déjà fort lettré. Le jeune Kung-Seng se montrait, en tout, bien supérieur à ses camarades, qui avaient pour lui autant d'estime que d'admiration. Aussi, son père l'aimait-il beaucoup et disait-il souvent que ce fils serait digne de lui succéder et saurait remplir les fonctions paternelles d'une façon bien plus brillante.

Kung-Seng était déjà reçu bachelier et devait se présenter bientôt à l'examen de doctorat; car, sous les Thang, l'examen intermédiaire, celui de la licence, n'existait pas. Son père lui prépara de riches bagages, des montures et des voitures magnifiques, lui remit enfin une grosse somme, pour ses frais de séjour dans la capitale.

Au moment du départ, il lui dit : « Avec ton talent, tu obtiendras, sans doute, après un seul combat, la suprême victoire. Mais je te donne néanmoins assez d'argent pour te permettre de passer deux années loin de moi, dans le cas où tu échouerais une première fois. »

Le jeune homme, certain aussi du succès, partit triomphalement, et, après un mois de voyage, arriva à la capitale, qui était alors la ville de Tchang-Nan, dans la province de Chen-Si. Avant de se présenter pour se faire inscrire au concours, il résolut de se promener pendant quelques jours dans la résidence impériale, pour rendre visite aux amis de sa famille et, aussi, pour apprendre à connaître la grande ville.

A sa première sortie, comme il passait à cheval dans une rue assez éloignée du centre, il vit, derrière la porte d'une maison bourgeoise d'aspect sévère, une jeune fille appuyée sur l'épaule d'une petite servante. Sous ses cheveux, roulés en coque de chaque côté de la tête, elle était jolie, comme on n'en voit pas souvent de pareilles.

Kung-Seng ralentit la marche de sa monture et fixa son regard sur la belle, sans avoir le courage d'avancer. Finalement, il fit semblant de laisser tomber sa cravache, pour que sa domestique la lui rapportât, ce qui lui donnait la faculté d'admirer plus longtemps, sans paraître indiscret.

Elle aussi, le regardait d'un air très doux. On n'échangea pas une parole; l'étudiant partit tout à fait amoureux et comme éperdu, à la suite de cette rencontre. Naturellement, il s'empressa de demander à ses amis et connaissances des renseignements qui ne donnèrent pas un résultat favorable : on lui dit que la maison où demeurait la jeune beauté appartenait à une vieille dame. Kung-Seng était si épris, qu'il ne vit là qu'une possibilité de plus de posséder la belle Li, de mœurs légères.

« Peut on approcher de sa fille? » demanda-t-il.

— Certainement ; mais soyez averti que la vieille ne choisit les amants de la donzelle que parmi les richards ou des descendants de grande famille : il vous faudrait dépenser tout votre argent pour arriver à vos fins. »

Le lettré était heureux de savoir à quoi s'en tenir. L'argent, d'ailleurs, lui était indifférent, pourvu qu'il réussit.

Le lendemain, il alla, dans un costume splendide, frapper à la porte. La petite servante ouvrit bientôt ; en apercevant le visiteur, elle se mit à crier que « c'était ce monsieur qui avait perdu la cravache. » Aussitôt la jeune fille répondit de son appartement intérieur :

« Faites-le attendre ; je vais changer ma toilette pour le recevoir. »

Très content de ce premier accueil, il se promenait dans la cour en attendant. Tout à coup, parut devant lui une vieille femme, déjà toute blanche de cheveux, qui déclara être la maîtresse du logis. Elle avait un air si vénérable, que le jeune homme n'osa plus croire ce qu'on lui avait dit.

Il la salua respectueusement et demanda si elle avait des appartements libres à lui louer.

« J'en ai, mais ils sont trop petits et trop étroits pour convenir à votre grande seigneurerie, répondit-elle évasivement. Du reste, si vous jugez bon de les prendre, je n'oserai pas vous en demander le loyer. »

Bien que ce fût là un refus peu déguisé, le lettré demanda à visiter la maison ; la vieille, après lui avoir montré les appartements à louer, le pria alors d'entrer dans le salon, meublé avec beaucoup de luxe. Ils s'assirent tous deux et se mirent à causer. Pendant la conversation, la loueuse raconta qu'elle avait une fille encore toute jeune, qui n'avait aucun talent, mais qui aimait beaucoup à être présentée aux hôtes de la maison ; qu'elle serait heureuse de la faire connaître au lettré s'il daignait consentir à la recevoir.

Bien entendu, il accepta tout de suite : et la vieille dame à l'air respectable ordonna à la servante d'aller chercher Mlle Li-Oa, qui apparut aussitôt. Ses beaux yeux limpides, son teint frais, sa démarche aisée et gracieuse, sa toilette d'une coquetterie raffinée, la firent paraître aux yeux de Kung-Seng plus jolie encore que lorsqu'il l'avait aperçue pour la première fois. Il s'inclina profondément; et, immédiatement, le thé et le vin furent servis.

La jeune fille était spirituelle, désireuse de plaire et ne manquait pas d'instruction. Le jeune homme se plut à bavarder avec sa gracieuse interlocutrice et, bientôt, ne sut plus que penser. D'une part, il se rappelait ce que lui avaient dit ses amis; d'autre part, la mère et la fille montraient un respect des convenances, qui rendait leur attitude, en apparence, irréprochable.

Cependant, quelques heures s'étaient écoulées et la nuit venait. La vieille fit apporter une lampe et demanda à l'étudiant où il demeurait, ce qui était une manière comme une autre de lui donner congé.

« J'habite à plusieurs lis au-delà de la porte Yen-Ping », dit Kung-Seng, qui donna exprès cette fausse adresse en un quartier très lointain, dans l'espoir qu'on le garderait.

Mais la vieille ne parut pas comprendre. Elle

répondit qu'il était déjà très tard; que la quatrième veille venait de sonner, et qu'il ferait bien de se remettre en route.

Bien qu'elle accentuât, par ces paroles, son refus de lui louer, le lettré ne se tint pas pour battu :

« J'ai eu le bonheur de me trouver dans votre société, reprit-il, et le temps s'est passé si vite, que voilà la nuit trop avancée : la campagne où j'habite est très éloignée et je ne connais personne dans la ville. Si vous me refusez l'hospitalité, je ne sais vraiment où aller.

— Si Monsieur ne craint pas d'être mal installé, interrompit Li-Oa, nous pourrons le coucher ici, chez nous. »

La vieille, sur laquelle Kung-Seng fixait ses yeux, parut convaincue et fit un signe d'approbation.

L'amoureux fit avancer son domestique et placer deux lingots d'or sur la table, à titre de dédommagement. Mais la jeune fille refusa en souriant et dit que son hospitalité était trop simple; que, quoique pauvre, ce qu'elle offrait elle le donnait de bon cœur; enfin, elle ne voulut jamais accepter.

On passa alors dans une autre salle, située à l'ouest, et d'aspect plus somptueux encore : tout y brillait aux yeux. Et le souper qu'on servit fut des plus fins et des mieux choisis.

Après le repas, la mère s'absenta quelques minutes, laissant les deux jeunes gens causer ensemble.

« L'autre jour, dit Kung-Seng, en passant devant votre porte, je vous ai aperçue un instant. Depuis ce moment, ma pensée vole auprès de vous et jamais votre image n'a été absente de mon esprit.

— Pour vous le dire franchement, c'est absolument la même chose, de mon côté, fit Li-Oa.

— Je suis venu aujourd'hui, non pas pour demander l'hospitalité, mais pour vous revoir et vous dire que je vous aime. Mais je ne sais pas si la destinée me sera favorable. »

Sur ces mots, la vieille rentra et demanda quel était le sujet de leur conversation. Li-Oa lui répéta, mot pour mot, ce qui venait d'être dit.

« Puisqu'il en est ainsi, fit-elle en souriant, et que vous vous êtes mis d'accord sans me demander mon consentement, je n'ai plus rien à objecter. » Elle sortit aussitôt et le lettré resta seul avec sa charmante conquête.

Dès le lendemain, Kung-Seng fit venir ses bagages et s'installa tout à fait dans la maison. Tout à l'ivresse de son amour, il ne calcula point que son nouveau genre d'existence l'aurait bientôt ruiné. Il supportait, en effet, tous les frais de la maison, montée sur un très grand pied. Aussi, au bout d'un an de ce régime, tout son argent était dépensé. Il vendit alors ses chevaux et ses bagages, ce qui lui permit de continuer le même train, pendant quelques jours encore. Il ne fut pas sans s'apercevoir, du reste, que la vieille, en voyant diminuer les ressources de son hôte, se montrait de plus en plus froide et devenait même très désagréable. En revanche, l'amour de sa maîtresse paraissait s'accroître, au contraire.

Un jour, Li-Oa dit à son amant que, bien que vivant ensemble depuis un an, ils n'avaient pas encore d'héritier. « Il y a ici, ajouta-telle, le sanctuaire du Dieu de la forêt de bambous, qui exauce les vœux des amants. Si tu veux, nous irons lui présenter nos offrandes et lui demander de nous accorder un fils. »

Kung-Seng ne demandait pas mieux. Il fit acheter ce qui était nécessaire pour le sacrifice et se rendit au temple avec sa bien-aimée. Après la cérémonie religieuse et la prière, ils rentrèrent ensemble, chacun monté sur un âne. Au moment où ils arrivaient à la porte nord de la ville, Li-Oa dit que sa tante habitait tout près de là et qu'il fallait profiter de l'occasion pour lui faire une visite. Ils se dirigèrent du côté indiqué et, bientôt, arrivèrent devant une maison immense, qui avait plutôt l'air d'un palais.

— Qui êtes-vous, demanda le concierge.

— C'est Mademoiselle Li, répondit-elle vivement.

Ils furent introduits immédiatement auprès d'une dame, âgée d'une quarantaine d'années. Elle leur montra le parc où il y avait des pavillons, des rochers artificiels, des bambous touffus, un lac même ; en un mot, c'était une propriété magnifique. Tout à coup, un homme accourut, haletant et la sueur au front.

« Mademoiselle, s'écria-t-il, votre mère est très malade : elle a perdu connaissance. Revenez vite à la maison. »

La jeune fille, très émue de cette nouvelle subite, voulut partir aussitôt. Kung-Seng se disposait à l'accompagner, mais la tante le retint.

« Il vaut mieux que ma nièce parte avec l'ami de sa mère, et que vous restiez un instant auprès de moi, pour que nous causions des mesures à prendre, en cas de malheur. »

Le lettré laissa donc sa maîtresse partir à âne avec le messager, et délibéra avec la tante sur ce qu'il y aurait à faire, au cas où la mère mourrait. Une heure s'écoula ainsi.

« C'est étonnant, dit alors la tante, la nuit vient déjà et l'on ne nous a pas encore envoyé de nouvelles. Je vous engagerai à retourner à la maison au plus vite, je vous rejoindrai dans quelques instants. »

Il partit à pied. Arrivé à la maison, il trouva

la porte close et cadenassée. Etonné, il demanda aux voisins ce qui s'était passé. Ceux-ci lui apprirent que les locataires étaient arrivés à la fin de leur bail et avaient déménagé le matin même, sans donner leur adresse. Le pauvre Kung-Seng ne comprenait pas encore ce qui lui arrivait. Il alla coucher dans une auberge, où, du reste, l'inquiétude l'empêcha de fermer les yeux. Dès le matin il retourna chez la tante. Nouvelle surprise, il apprit là que la personne qu'il y avait vu la veille, était venue pour la première fois dans cette maison, sous le prétexte de la faire visiter à une demoiselle Li, de sa clientèle, qui désirait louer un pavillon. Que depuis, cette dame était partie, disant que le pavillon ne convenait pas.

Le trop naïf jeune homme comprit, alors seulement, qu'on l'avait joué et que toutes les manœuvres de la veille n'avaient eu qu'un seul but : celui de permettre à sa maîtresse de fuir avec sa mère.

Que faire maintenant, que devenir, sans argent, sans vêtements, sans livres. Les études, il les avait laissées de côté depuis un an, ses amis, il ne les avait pas revus. Comment sortir de cette impasse? Quant à tout avouer à son père, auquel il n'avait pas écrit depuis son arrivée dans la capitale, il n'y songea pas un seul instant : il redoutait trop la colère paternelle. De plus il faudrait attendre deux mois pour avoir une réponse, et il avait dépensé son dernier argent à l'auberge.

Il se décida donc à frapper à la première porte venue et à demander l'hospitalité. Il trouva de braves gens, qui voulurent bien le recevoir. Mais le troisième jour, le chagrin et la honte le rendirent si malade, que ses hôtes, trop pauvres pour le faire soigner chez eux, durent l'envoyer à un hôpital

La guérison fut longue à venir. Lorsque, faible convalescent, il put quitter l'hôpital, il se trouva de nouveau sans ressources dut songer à travailler, pour gagner sa vie, et le fils du gouverneur Kung entra, comme porteur de cercueils, chez un entrepreneur de pompes funèbres. Le directeur de l'établissement, voyant ce garçon toujours en larmes, lui donna le choix, ou de quitter sa maison, ou d'échanger ses fonctions de porteur contre celles de pleureur pour laquelle, disait-il, son air désespéré le désignait tout naturellement. Le malheureux accepta cette nouvelle déchéance : il était, du reste, bien à sa place, car ayant de bonnes raisons pour être triste, il pleurait naturellement là où les autres remplaçaient le sentiment vrai par un art toujours affecté. Aussi devint-il bientôt le premier pleureur de la ville.

Il y avait dans la capitale deux entreprises de pompes, qui se faisaient une concurrence mortelle. L'entrepreneur oriental, renommé pour la richesse et l'élégance de son matériel, était inférieur à son confrère de l'ouest, pour le personnel et, notamment, pour les pleureurs. Il offrit, en secret, au meilleur pleureur de son concurrent, qui était précisément notre Kung-Seng, d'entrer chez lui avec des appoinments plus élevés. Le pauvre garçon accepta ; son nouveau maître lui fit donner des leçons d'harmonie, pour le perfectionner encore. Aussi put-on se dire bientôt que jamais, de mémoire d'homme, personne n'avait pleuré d'une façon aussi exquise.

L'entrepreneur oriental proposa alors à son confrère de faire une exposition de leur matériel et de leur personnel respectif, afin que le public, leur seul juge, pût décerner un prix à celui qui surpasserait l'autre. De plus, il paria cinquante mille écus que son personnel emporterait la première récompense : le perdant devait payer les frais d'installation.

La convention fut signée devant témoins et aussitôt, le bruit de cette exposition inouïe se répandit par la ville. Tous les notables de la capitale et des environs accoururent, pour assister à un spectacle si extraordinaire.

Du matin au soir, on admirait les cercueils, les corbillards, les ornements de l'escorte, les riches dorures, les ciselures parfaites. Mais le dépôt oriental était préféré de tous, en raison de son chœur de pleureurs.

Son concurrent occidental laissait faire, espérant qu'un dernier coup ferait retourner l'opinion en sa faveur. Il fit élever une estrade du côté sud et tout à coup le tam-tam sonna ; un homme à longue barbe, monta et, l'air navré, se mit à chanter une lamentation funèbre. Sa voix grave et sombre rendit le chant encore plus lugubre. Les applaudissements enthousiastes de la foule saluèrent ce maître en l'art de pleurer.

Pendant qu'il se désolait ainsi, l'entrepreneur oriental dressa, du côté nord, une autre estrade. Le tambour bat et un tout jeune homme imberbe monte d'un air aisé, et se met à entonner, en pleurant, une mélodie mortuaire.

La voix claire, aiguë et triste, ses soupirs déchirants pénétraient les cœurs. Les larmes, qu'ils versait à flots firent bientôt couler celles de ses auditeurs. Ce fut, sur la place, un véritable déluge de pleurs. Et l'entrepreneur oriental, de l'avis unanime du public, gagna l'enjeu et le prix.

Dans la foule, il y avait beaucoup de fonctionnaires de différentes provinces, qui se réunissaient tous les ans à cette époque dans la capitale, pour y prendre les ordres de l'empereur. Le père de Kung-Seng était là, justement avec plusieurs de ses collègues. Il était loin de supposer que le lauréat fût son fils adoré, dont il n'avait pas de nouvelles depuis si longtemps et qu'il s'était habitué à regarder comme mort. Mais, son domestique, qui s'était glissé au premier rang, reconnut son jeune maître et porta cette nouvelle étonnante au gouverneur de Tchang-Tchéou. Le haut fonctionnaire, d'abord, refusa de croire que son fils fût tombé si bas.

Le domestique, cependant, affirmait d'une façon si positive avoir reconnu Kung-Seng, que le père voulut en avoir le cœur net. Il se dirigea vers la troupe des pleureurs et acquit la triste certitude que c'était bien son enfant, autrefois l'orgueil et l'espoir de sa vie, qui faisait cet abominable métier. Lorsque le père et le fils se trouvèrent face à face, ils se mirent à pleurer tous deux ; le fils de honte et le père de colère ; puis, le gouverneur emmena Kung-Seng et se dirigea vers un endroit isolé, au bord de la rivière.

« Par ta conduite tu nous déshonores, s'écria-t-il, lorsqu'il se fut assuré que personne ne pouvait les entendre. J'eusse mieux aimé te savoir mort que descendu à une telle ignominie. Du moins, je t'infligerai une correction, dont tu te souviendras éternellement. »

Là-dessus, il lui arracha ses vêtements et le cravacha si fort, qu'il le laissa comme mort sur place.

Cependant, les autres pleureurs de l'entreprise orientale, voyant emmener le triomphateur du jour, l'avaient suivi à distance. Ils assistèrent, de loin, à toute la scène, sans oser intervenir, pour arracher le jeune homme à la colère paternelle. Dès que le gouverneur se fut éloigné, ils s'approchèrent du malheureux étendu par terre. Ils crurent d'abord qu'il avait rendu le dernier soupir et se disposaient à l'enterrer. Heureusement, ils s'aperçurent alors que la poitrine était encore chaude. Ils emportèrent vite leur camarade à la maison et firent tant, qu'ils finirent par le rappeler à la vie. Ils se cotisèrent pendant six semaines, pour le soigner. Mais comme, au bout de ce temps, il était encore presque paralysé et que le médecin ne pouvait fixer un terme pour la guérison du malheureux, les pauvres gens finirent par se lasser. Le malade fut donc mis à la porte, et dut vivre des faibles dons de la charité publique.

Cette vie misérable dura trois mois; puis, Kung-Seng commença à pouvoir marcher en s'appuyant sur des béquilles. Ils se mit, alors, à mendier de porte en porte. On lui donnait de quoi suffire à sa faim. Il passait ses nuits, couché dans quelque galetas, avec ses pareils. Le jour, il traînait par les rues les méchants haillons qui lui tenaient lieu de vêtements.

Un matin, il boitait péniblement dans les rues d'un quartier riche, où il n'était encore jamais venu demander l'aumône. Il s'arrêta devant la porte entr'ouverte d'une maison d'apparence magnifique et implora la charité.

Tout à coup, le store d'une fenêtre se souleva et une jeune femme, qu'il reconnut aussitôt, poussa un grand cri en l'apercevant. C'était Li-Oa.

Kung-Seng restait là, immobile, au seuil de la maison habitée par celle qui avait fait son malheur, quand la porte intérieure s'ouvrit. Li-Oa se précipita vers lui, le prit dans ses bras en sanglotant et l'entraîna dans la maison.

Là, elle se jeta à ses genoux, le supplia de l'écouter, de la laisser s'expliquer. Elle lui avoua que sa mère, croyant que le jeune homme n'avait plus d'argent, avait décidé qu'on se débarrasserait de lui et imaginé la ruse à l'aide de laquelle elles lui avaient fait perdre leurs traces. Elles étaient venues s'établir dans cette maison où, depuis, elles avaient vécu seules. Quant à elle-même, elle n'avait consenti qu'à contre-cœur et par crainte de sa mère, à l'exécution de ce plan et elle s'en était toujours repentie. Depuis leur séparation, elle s'était aperçue qu'elle l'aimait réellement. S'il voulait seulement lui pardonner et se laisser soigner par elle, elle lui prouverait par un dévouement éternel, combien elle disait vrai.

Le triste Kung-Seng ne savait que croire. Elle lui jura mille fois que ce qu'elle disait était l'exacte vérité, et que, depuis des mois, elle avait cherché en vain à le retrouver. Elle se montra si désespérée en apprenant à quel

misérable état il avait été réduit, promit si
bien de faire tout son possible pour réparer le
mal qu'elle lui avait fait, qu'il finit par se laisser persuader.

Li-Oa fit aussitôt venir des vêtements et du
linge et bientôt le pauvre garçon, pour la première fois depuis longtemps, sentit qu'il était
redevenu un homme et que, peut-être, il allait
pouvoir recommencer à vivre.

Sur ces entrefaites, la mère arriva. En apercevant Kung-Seng, elle montra d'abord une
colère furieuse et se mit à invectiver sa fille.
Mais celle-ci l'interrompit durement :

« Ma mère, j'ai été, contre mon gré, l'as-
sociée de ton crime. Je m'en suis repentie et
je ferai autant de bien à Kung-Seng que, par
toi, je lui ai fait de mal. Du reste, je t'ai
rendue riche, par la vie honteuse que tu me
faisais mener autrefois. Prends ce qui t'appartient et quittons-nous. Quant à moi, j'ai assez
pour vivre avec l'homme que j'aime et aux genoux duquel je veux passer ma vie. »

Ainsi fut fait. La mère partit le jour même
et une nouvelle existence commença pour

Kung-Seng. Li-Oa le soigna avec un dévouement admirable. Quelques mois suffirent pour rétablir complètement la santé du lettré. Sa maîtresse lui dit alors :

« Tu n'as rien à attendre de ton père que tu as offensé. Mais tu es tout jeune et l'avenir t'appartient. Reprends donc tes travaux et fais-toi inscrire pour le concours. Personne ne sait quel sort malheureux a été le tien ; rien ne t'empêche donc de te relever et d'arriver au rang auquel un homme de ton intelligence a droit de prétendre. Tes livres sont ici : tu achèteras ceux dont tu auras besoin et tu achèveras tes études.

Kung-Seng suivit ce conseil et se remit à travailler. Les commencements furent difficiles, mais Li-Oa entoura l'étudiant de soins si délicats et sut si bien l'encourager, qu'au bout de deux ans, il passa brillamment l'examen de docteur. Les œuvres qu'il avait publiées étaient admirées, même des vieux lettrés, qui cherchèrent à entrer en relations avec un jeune auteur, dont le talent se montrait si supérieur.

Peu de temps après, ayant à répondre à une question difficile de politique intérieure, posée par l'empereur à tous les docteurs de l'empire, Kung-Seng vit son travail couronné le premier : il fut nommé, du coup, gouverneur de la province de Tchen-Tou. Il employa quelques jours à faire ses préparatifs, et se mit en route.

Au moment du départ, Li-Oa lui parla ainsi : « Après avoir refait ta réputation, je me sens moi-même réhabilitée et j'ai effacé la tache de ma conscience. Désormais, je consacrerai le reste de mes jours à soigner les pauvres et les malades. Quant à toi, ta position veut que tu te maries avec une jeune fille d'une famille honorable, qui deviendra ta compagne, pour perpétuer le culte de tes ancêtres. C'est dans l'ordre des choses. Pars donc et aie bon courage. Adieu !

— Si tu me quittes, répondit-il, je me tuerai. Je ne puis plus vivre sans toi.

— Impossible : ma résolution est prise. Tu te marieras et tu m'oublieras. Mais, pour ne pas te chagriner, je te reconduirai jusqu'à l'extrémité du fleuve. Là, nous nous séparerons et tu pourras mener enfin la vie qui te convient, avec une femme digne de toi. »

Après un mois de navigation, ils arrivèrent à Kien-Meng (porte de l'Epée) où ils devaient se quitter. Mais Kung-Seng ne pouvait se résoudre à cette séparation. Comme il se tenait auprès de Li-Oa, la suppliant de ne pas l'abandonner, ils entendirent crier tout-à-coup : « Place au cortège du Vice-roi ! »

Ils se rangèrent de côté, et le vice-roi, en passant, jeta un regard sur eux.

Il fit aussitôt arrêter sa chaise à porteur et se dirigea vers Kung-Seng, qui reconnut son père.

On imagine combien fut grande leur surprise mutuelle. Le vice-roi, voyant que son fils, tombé si bas jadis, avait su se relever et monter si haut, ne voulut d'abord pas en croire ses yeux; puis, il causa longuement avec lui. Kung-Seng lui raconta son histoire, et, lui montrant Li-Oa :

« Voilà, dit-il, celle qui t'a rendu ton enfant ! »

Le vice-roi, en apprenant que Li-Oa voulait quitter son fils, déclara qu'il ne le permettrait pas et fit venir la jeune femme.

« Quelques torts qu'elle ait eu, ajouta-t-il, elle a agi pour toi comme la meilleure des femmes. Elle n'a pas plus le droit de te quitter que tu ne peux te séparer d'elle. Il faut qu'elle devienne ta femme, car vous êtes unis par la souffrance et le dévouement. »

On procéda, le jour même, à la cérémonie du mariage. Puis, le jeune gouverneur rejoignit son poste avec sa femme.

Plus tard, Kung-Seng rendit d'immenses services à l'empereur, qui, en récompense, le nomma duc de Nien. Il eut, de Li-Oa, quatre fils qui occupèrent tous de hautes fonctions dans l'Etat. Et sa femme sut si bien le seconder par ses sages conseils et mériter, en même temps, par sa grâce et sa bonté, l'admiration de tous, que lorsqu'on veut citer une femme parfaite, on prononce avec respect le nom de Li-Oa, duchesse de Nien !

VOYAGE EN CHINE

J'ai déjà eu l'occasion, à diverses reprises, de parler devant le public français, si bienveillant et si hospitalier, de mon pays et de mes compatriotes, de nos mœurs et de nos institutions, de nos lettres et de nos arts, de notre agriculture, de notre industrie et de notre organisation sociale.

Dans une série de conférences, j'ai pu traiter tour à tour, d'une façon spéciale, les différents sujets que je viens d'énumérer. Dès lors, il me serait difficile aujourd'hui de ne pas me répéter si je voulais encore une fois aborder une de ces thèses particulières du monde chinois. Je préfère donc vous présenter, non pas l'étude détaillée d'un point donné, mais plutôt un aperçu d'ensemble, quelque chose comme un tableau panoramique de notre Extrême-Orient et de ses 400 millions d'habitants.

Pour arriver à ce résultat, pour vous offrir ce que j'appellerai une vue à vol d'oiseau de mon pays, je vous prierai de vouloir bien quitter maintenant la France et l'Europe et entreprendre avec moi un voyage en Chine.

« Grosse affaire, me direz-vous, et de longue haleine ! Pour s'engager si loin, pour voir avec fruit un pays si immense et si immensément peuplé, ce ne serait pas trop que d'employer dix années bien remplies. »

Vous avez raison ! Rassurez-vous cependant. Nous disposons de la pensée, moteur plus rapide que la vapeur et l'électricité, et qui nous fera parcourir en peu d'instants, sur les ailes de l'imagination, des milliers de lieues. Si vous daignez m'accepter pour *cicerone*, je vous promets que nous mettrons beaucoup moins de temps à visiter les vastes régions du Céleste-Empire. Notre excursion, d'ailleurs, sera exempte de tous les ennuis ordinaires des voyages : pas de frais, pas de, déraillements, pas de rencontre de bateaux, ni même de mal de mer. Ce sera, à tous ces points de vue, un voyage *idéal*, digne du refrain bien connu du *Voyage en Chine* de l'Opéra-Comique :

> « La Chine est un pays charmant
> Qui vous plaira certainement..... »

Nous voici en chemin de fer. Le rapide nous conduit à Paris, et de là à Marseille, où nous prenons passage sur un de ces magnifiques paquebots munis de l'installation perfectionnée des navires les plus modernes et du confort le plus complet qu'on puise désirer actuellement.

Après avoir vogué pendant cinq jours sur la Méditerranée azurée, mais capricieuse, nous nous engageons dans le canal de Suez, chef-d'œuvre scientifique qui abrège énormément la distance entre l'Occident européen et l'Orient asiatique. Nous passons, avec le regret de ne pouvoir nous y arrêter, devant la terre merveilleuse de la vieille Egypte et, vingt-quatre heures plus tard, nous entrons dans la mer Rouge.

Après quatre jours de voyage, nous arrivons à Aden. Nous côtoyons tour à tour les presqu'îles de l'Arabie et de l'Inde, accroupies dans la mollesse et le fanatisme. Nous touchons Ceylan, Singapore et Saïgon. Enfin nous pénétrons dans la mer de Chine, souvent houleuse, et qui n'a pas précisément la réputation de douceur méritée par les habitants du sol qu'elle baigne.

Je ne m'arrêterai pas à vous donner une description géographique de la Chine. Chacun sait ce que je pourrais dire à ce sujet. J'ajouterai qu'il y a encore beaucoup à faire pour que nos appréciations deviennent exactes, au lieu d'être, comme aujourd'hui, simplement approximatives. La mesure du territoire chinois, avec l'exactitude rigoureuse que comportent les procédés modernes, est encore à réaliser : on admet, en attendant, que la superficie totale de la Chine est de 11 millions et demi de kilomètres carrés, soit environ vingt-deux fois la surface de la France ; et que le nombre de ses habitants s'élève à plus de 400 millions ; c'est dire qu'il dépasse d'une centaine de millions la population de l'Europe tout entière.

De nombreuses mers, de larges golfes baignent nos côtes parsemées d'îles et assurent l'existence d'une masse de pêcheurs et de matelots. Trois grands fleuves, l'Amour, le fleuve Jaune et le Yang-Tsé-Kiang arrosent notre territoire et, saignés par un réseau immense de canaux d'irrigation, fertilisent nos campagnes.

Descendons maintenant sur cette terre, que son étendue fait participer à tous les climats, et examinons ensemble ses habitants.

Je ne vous ferai pas séjourner trop longtemps dans nos ports, très nombreux, et dont dix-neuf sont ouverts au commerce étranger. Les ports, en effet, sont avant tout..... des ports, c'est-à-dire des milieux mixtes, essentiellement cosmopolites et dans lesquels il est impossible de se familiariser avec les mœurs véritables du pays. Shanghai, par exemple, a la réputation d'être un petit Paris. Or ce n'est pas pour vous faire connaître un petit Paris que je vous ai priés de faire un voyage de plusieurs milliers de lieues.

Quittons donc ces villes maritimes, rendez-vous de tous les peuples du globe, et enfonçons-nous dans l'intérieur.

Ici, c'est la vraie Chine que vous trouverez devant vous, avec ses mœurs antiques et ses traditions, ses usages, ses coutumes tant de fois séculaires. Car, malgré plusieurs changements de dynasties, malgré les relations nouées depuis plusieurs centaines d'années avec l'Europe, cette Chine là n'a jamais varié. Et, en l'étudiant de près, vous verrez bien vite que vous n'êtes pas nés trop tard; que le spectacle qui s'offrira à vos yeux vous ne l'aurez ni moins complet ni moins original, vous, Français du dix-neuvième siècle, que si vous étiez des Athéniens du temps de Démosthène ou des Egyptiens de l'époque de Sésostris.

Cette invariabilité du milieu chinois, préconisée par nos philosophes, n'est pas l'immobilité, croyez-le bien.

Nos ancêtres, il y a des milliers d'années, ont créé, par de longs et laborieux efforts, un ensemble de doctrines, une morale pratique et une philosophie gouvernementale

11.

qui sont l'expression même de notre génie national.

Ces doctrines, ils les ont incorporées dans un régime public et dans des habitudes d'existence qui nous conviennent parfaitement et que les révolutions dynastiques et la conquête même n'ont pu entamer. Elles ne nous ont pas donné, en effet, l'éclat éphémère de tant de peuples, d'abord conquérants vains de leur force, puis conquis à leur tour et effacés de l'histoire. Elles ont fait mieux : elles nous ont assuré la destinée heureuse des nations qui trouvent dans leur labeur la satisfaction de leurs besoins intellectuels et physiques, vivent dans le travail, la paix et la prospérité. Elles ont conservé notre unité nationale, avec l'intégrité de notre sol. Rien d'étonnant à ce que le peuple chinois reste fidèle aux traditions de son passé, dans lesquelles il trouve les meilleures garanties pour le présent et l'avenir.

Comme nous avons débarqué dans un des ports du sud de la Chine, nous allons nous servir, pour continuer notre voyage, du véhicule le plus généralement usité dans nos provinces méridionales. Montez donc, avec moi, dans les chaises à porteurs qui nous attendent.

Nous voici en marche. Bientôt les faubourgs apparaissent. Encore quelques pas et la campagne se déroule devant nous. Les maisons des paysans surgissent à vos yeux avec leurs toits en pente aux extrémités relevées en pointe vers le ciel : elles sont construites en bois et entourées de murs.

L'agriculteur, vous l'apercevez aussi : en voici un qui, dans un terrain tout inondé, une rizière, fait traîner sa charrue par deux buffles, animaux dont on ne mange pas la chair parce qu'ils rendent trop de services au paysan. On ne les tue que dans les sacrifices offerts au Ciel ou à Confucius.

Plus loin, un laboureur est courbé sur la plaine verte. Il est occupé à repiquer le blé : car nous en sommes arrivés là. Afin d'être sûrs de notre récolte, nous semons le blé très serré dans un coin du champ pour le repiquer dans tout le labour dès qu'il aura atteint la taille suffisante. Arrive-t-il un orage? la réserve de ce coin fortement ensemencé nous fournit de quoi remplir, dans le champ, les vides faits par la pluie ou la grêle.

Au-dessus du blé, du riz, des cultures maraîchères de toutes sortes, s'élèvent de nombreux arbres fruitiers. Là-bas, un large terrain est planté de cotonniers; un autre, touffu comme une forêt, ne contient que des mûriers destinés à nourrir la chenille qui produit le textile précieux entre tous, la soie.

Sur le sentier qui vient de la maison marche un homme portant sur l'épaule deux grands seaux de bois, en forme de tonneau, accrochés à un bois de porteur d'eau. Ces vases contiennent l'engrais : engrais naturel délayé au quinzième dans l'eau et que le Chinois sait utiliser.

Au lieu d'empoisonner ses rivières ou ses mers, il fertilise ses campagnes de cet engrais humain dédaigné de l'Europe.

De nombreux canaux coupent la plaine en tous sens, de leurs rivulets, destinés à apporter l'eau en abondance aux cultures. Et, chose bien particulière à mon pays : emploi de l'engrais et construction des canaux ont été de tout temps, chez nous, enseignés, propagés et exécutés par le gouvernement.

Notre pays étant essentiellement agricole, notre gouvernement a, depuis des milliers d'années, regardé comme indispensable d'établir la meilleure manière de se servir de l'engrais et de fournir les instructions nécessaires au paysan. En même temps il se préoccupait de couper tout le territoire par des canaux gigantesques, qui ont rendu partout l'irrigation très facile. L'agriculture ayant à sa disposition ces deux éléments indispensables, l'eau et l'engrais, fait rendre à la terre tout ce qu'elle peut donner.

Le paysan travaille beaucoup : mais il vit largement et a lieu d'être satisfait et heureux. Sans doute pas de grandes fortunes, ni de grandes propriétés, mais aussi pas de misère. Chacun cultive son petit lot, qui lui donne l'aisance, cette médiocrité un peu dorée dont parle le poète latin.

Vous allez en juger, du reste, et vous pourrez, en même temps, vous faire une idée de la large et simple hospitalité des habitants.

Entrons dans une de ces maisons. Vous voici devant la porte : vous voyez que l'édifice, caché à moitié par les murs, n'a qu'un rez-de-chaussée et un étage supérieur.

En voyant approcher des étrangers, le chef de la famille vient au devant de nous. Après échange de saluts cérémonieux, il nous prie d'entrer dans sa demeure.

Pendant que son plus jeune fils se charge de nos montures, nous traversons la basse-cour, toute peuplée de poules, d'oies, de canards, de porcs. Dans une volière à grillage de bambou, des faisans de plusieurs espèces, au plumage éclatant.

Nous montons quelques marches et nous voici dans une assez grande salle : le salon. La femme du paysan apparaît à son tour et nous fait apporter du thé, infusé dans chaque tasse, qu'on recouvre d'une espèce de soucoupe de porcelaine qui retient les feuilles pendant que vous buvez. En même temps on sert des gâteaux composés d'une mince feuille de farine roulée autour d'un peu de viande hachée, le tout cuit dans le jus.

Les enfants, — ils sont nombreux, huit ou dix au moins, — n'entrent que parce que vous avez exprimé le désir de les voir. Vous remarquerez avec quel respect ils parlent à leurs parents, avec quelle tendresse on leur répond.

C'est que toute notre vie nationale est basée sur l'amour de la famille, qui est notre véritable religion. Ce culte, commun à tous les Chinois, réunit à tout moment important de la vie la famille entière dans la salle des ancêtres, remplie de tablettes racontant l'existence, le labeur, les études, les fonctions, les vertus des morts, qui deviennent ainsi l'exemple et le guide des vivants. Rien de tyrannique, d'ailleurs, dans l'autorité du chef de la famille, sur laquelle a été calculée l'organisation de tout notre gouvernement. L'affection qui apparaît à chaque instant dans les rapports entre parents et enfants vous en est une garantie suffisante.

Comme il est tard, nos hôtes nous invitent à prendre part à leur dîner. Nous acceptons : le soir est venu et, pour atteindre la petite ville où nous pourrons trouver quelque chose comme

un hôtel, il nous faudrait plus de deux heures
de marche. Comment refuser, d'ailleurs, une
proposition faite avec une cordialité si sincère
et si simple !

A table, vous aurez quelques surprises. Ne
vous attendez pas à ces mets fantastiques :
chiens rôtis, salade de vers à soie, que sais-je
encore ? En revanche, vous trouverez bon
nombre de plats que votre imagination n'a jamais rêvés.

Voici d'abord les hors-d'œuvre : ils se com-
posent de crevettes sèches, de jambon fumé,
dont je vous recommande le goût délicat ; enfin
d'œufs conservés. Ceux qu'on vous présente
ont vingt-cinq ans. On les conserve en les gar-
nissant d'une croûte artificielle de chaux
épaisse de 3 à 4 millimètres. Les œufs prennent peu à peu une couleur brun foncé et ac-
quièrent une saveur toute particulière, très
appréciée des Européens mêmes qui ont goûté
de ce mets.

Vous buvez maintenant un peu de vin de riz,
qu'on sert tiède dans des tasses sans anse ;
puis, l'on vous offre des ailerons de requins.

N'allez pas croire que la chair du requin se présente sur notre table par simple application du fameux proverbe : « Ils nous mangent ; mangeons-les ! » Non ! Non ! Si nous usons ainsi du monstrueux poisson, c'est parce que ses nageoires fournissent un plat délicieux et qui parait meilleur encore, lorsqu'on boit, en le mangeant, du potage aux nids d'hirondelles.

Un canard rôti, un poulet aux morilles achèvent de calmer notre faim. Alors viennent des bananes, des lé-tchi, des tranches fines de cannes à sucre, des pêches plates et des mandarines. Nous buvons un dernier verre de vin de riz et l'on met sur la table quatre bols et un grand plat de riz dont on ne mange point, et qui marquent simplement la fin du repas.

Vous ne manquez pas d'observer que nous avons mangé avec des baguettes placées entre trois doigts de la main droite et à l'aide desquelles nous saisissons les aliments découpés d'avance par petits morceaux. Par une attention délicate, notre hôte, pour mettre ses convives européens plus à l'aise, vous a pourvus de cuillers et de petites fourchettes qui existent

aussi en Chine, mais dont on ne fait que rarement usage.

Le dîner fini, nous nous réunissons dans le
salon. On cause ; notre amphitryon et sa famille
font tout leur possible pour nous faire passer
le temps rapidement et gaiement. On apporte
encore une fois le thé ; puis l'on nous conduit
aux chambres où nous attendent des lits en
bambou, à sommier de canne tressée, qui, bien
garnis de matelas, nous fournissent une cou-
chette confortable.

Le matin venu, nous prenons avec le thé une
légère collation et nous nous remettons en
route, accompagnés des souhaits bienveillants
de nos hôtes et de leurs enfants.

Dans la campagne, tout le monde est déjà au
travail. Nous retrouvons les scènes de la
veille. En contournant une colline de 2 à 300
mètres de hauteur, vous remarquerez avec quel
soin elle est cultivée en terrasses depuis la
base jusqu'au sommet.

Devant nous s'étend maintenant une petite
ville, avec ses maisons aux toits pointus, se-
mées capricieusement dans la vallée et dont

émerge un couvent bouddhiste, surmonté d'une haute stoupa, espèce de sanctuaire tout doré, renfermant des reliques du Bouddha Cakya-Mouni.

Le long de la route, vous apercevez de distance en distance des appareils destinés à envoyer aux cultures de la colline l'eau de la petite rivière qui coule au bas. Ce sont des espèces de longues rigoles en bois, couvertes à la partie supérieure. Des hommes font tourner avec leurs pieds une roue qui, à son tour, entraîne une chaîne sans fin, dont les nombreuses palettes poussent l'eau jusqu'au haut de la rigole. Cet appareil, de construction fort simple, quoique très ingénieux, est très répandu en Chine et rend de grands services aux cultivateurs.

Nous approchons de la ville et nous envoyons un de nos hommes en avant, au monastère qui va nous servir d'hôtellerie. Les monastères bouddhistes, très spacieux, sont, en même temps, les plus agréables et les plus confortables des hôtels. Habitués à recevoir des voyageurs, ils préparent tout en prévision de cette éventualité. De sorte qu'on y trouve tout ce que notre pays peut donner au touriste, en même temps que la politesse parfaite et la prévenances des bonzes, gens en général très bien élevés. De plus, ces monastères occupent les plus beaux sites; placés au milieu de grands bois, sur des collines verdoyantes, ils offrent à la vue des perspectives d'une variété charmante.

Notre petite troupe apparaît bientôt devant la porte, qui s'ouvre aussitôt pour nous livrer passage. Nous entrons dans une large cour dallée où nous descendons de nos chaises à porteurs pour suivre le bonze, d'aspect vénérable, qui nous a accueillis avec une profonde salutation et nous invite à le suivre.

Guidés par lui, nous franchissons une petite porte basse pour nous trouver presque aussitôt dans un vaste jardin. Nous faisons quelques pas à droite et nous visitons, alors, les pièces qui vont nous abriter pendant quelques jours. Ce sont des chambres assez spacieuses, meublées simplement, mais très confortables et très propres.

Après avoir fait notre toilette, nous descendons pour nous mettre au courant des choses et faire connaissance avec les habitants du monastère. Nous parcourons d'abord le jardin, tout brillant de fleurs, dont vous admirez avec moi les nombreuses variétés. Vous contemplez avec étonnement des arbres courbés et taillés de façon à affecter les formes des animaux les plus divers.

Puis nous rentrons dans l'édifice, que nous examinons lentement. Partout, dans de petites salles basses, des moines sont assis, immobiles, les yeux fixes, comme absorbés par une méditation profonde.

Dans le temple, une vaste construction tout étincelante de statues dorées de Bouddha, de figures terribles des dieux infernaux, les prières sont commencées : ce bruit régulier qui les accompagne est produit par la baguette d'un prêtre, frappant de coups rythmés un vase creux, en bois, représentant deux poissons. Le murmure des chants, accompagnés à intervalles réguliers des sons profonds d'une cloche de bronze, monte jusqu'à la voûte, pendant qu'à côté de nous un bonze égrène les perles de son rosaire.

Après cette cérémonie, on nous invite à déjeuner. Nous prenons notre repas dans une petite salle, tout près du réfectoire des bonzes. Les mets qu'on nous sert sont exclusivement composés de légumes et de fruits : le bouddhisme, en effet, interdit à ses fidèles de manger de la chair d'animaux, quels qu'ils soient. Tout, d'ailleurs, est préparé avec une telle perfection gastronomique que vous n'éprouvez réellement pas de privation à faire maigre. Pour peu que notre séjour se prolonge, je ne garantis pas que vous ne deveniez pas profondément végétariens

Après déjeuner, nous sortons pour voir la ville. Nous commençons par rendre une visite au sous-préfet, qui occupe dans le centre un palais appelé « Ya-Men. » Les visiteurs font présenter par un de leurs porteurs des cartes de visite imprimées sur papier rouge et le cérémonial de la réception est immédiatement réglé, selon le rang des voyageurs. Le sous-préfet nous considérant comme des égaux, fait ouvrir à deux battants la grande porte, par laquelle nous entrons, toujours dans nos chaises, qui nous portent jusqu'à la cour de justice. Là, le magistrat nous attend pour nous saluer et nous conduire à la salle de réception.

Dans le fond de ce salon est un grand canapé en forme de lit au milieu duquel est posée une table basse pour le thé, de part et d'autre de laquelle se trouvent les places d'honneur. Tout autour du canapé, huit paires de sièges et huit petites tables. Les invités prennent place, selon leur rang, le maître de la maison occupant la dernière place. On nous présente le thé et les petites pipes de cuivre, offertes par un domestique, et dont on ne tire que deux ou trois bouffées. Après quelques instants de conversation, nous prenons congé du sous-préfet et nous nous retirons avec le cérémonial dont nous avons fait usage pour entrer.

Le sous-préfet que vous venez de voir et qui remplit en même temps les fonctions de juge, est un lettré, reçu docteur tout récemment. Il faut que vous sachiez qu'en Chine nul ne peut être appelé à occuper un grade dans la hiérar-

chie administrative sans avoir passé des examens fort difficiles. Ces examens sont de trois
degrés : le premier forme des bacheliers, le
second des licenciés, le troisième des docteurs
de l'académie des Han-Ling.

Les lettrés qui ont victorieusement subi ces
épreuves constituent la pépinière où l'administration puise ses fonctionnaires. De sorte
que c'est en réalité l'instruction et le talent
qui gouvernent.

Une conséquence de cet état de choses est
que toute la famille chinoise cherche à développer chez ses enfants l'instruction qui peut
leur ouvrir les situations les plus enviées. Une
autre est la subordination de l'élément militaire. Vous avez dû remarquer déjà que sur
votre route vous avez rencontré fort peu de soldats. C'est que notre administration est toute
civile. L'armée, purement défensive vis-à-vis
de l'extérieur, ne joue à l'intérieur que le rôle
de force de police, chargée de prêter main-forte
aux décisions de l'autorité civile. Aussi notre
armée est-elle peu nombreuse et son entretien
ne pèse-t-il pas énormément sur notre budget.

Nous avons, du reste, réduit autant que possible le nombre des fonctionnaires eux-mêmes. Quelques milliers d'administrateurs suffisent à la Chine.

En toute cette organisation, nous nous sommes conformés strictement aux principes établis par nos philosophes et surtout par le plus illustre d'entre eux, par Confucius, dont la classe des lettrés incarne les idées et personnifie les tendances. D'ailleurs, un corps spécial, celui des censeurs, dont le siége central est à Pékin, mais dont certains membres ont la charge spéciale de chaque province, surveillent toute notre administration. Ils jouissent de pouvoirs très étendus, contrôlent l'action des fonctionnaires et établissent des rapports incessants entre l'empereur, qui les nomme parmi les lettrés les plus distingués, et le peuple, qui s'adresse en toute occasion à leur ministère de sévère et inflexible justice. On les appelle : *les yeux de l'empereur et la bouche du peuple*. Leur siége central, à Pékin, porte ce nom significatif : *la cour qui veille à tout.*

Dans les rues que nous parcourons, vous ne tardez pas à être frappés d'un phénomène caractéristique : les diverses industries du pays sont exercées, pour ainsi dire, sous vos yeux et toujours par un petit nombre de personnes à la fois ; en famille enfin.

Prenons pour exemple la soie. Vous verrez souvent la même famille élever le ver, dévider le cocon, faire le fil et fabriquer l'étoffe. Sans doute, il se trouve quelques maisons qui emploient un certain nombre d'ouvrières. Mais c'est l'exception. La grande industrie n'existe pas, en thèse générale. La fabrication est encore toute patriarcale dans toutes ses branches et nous ne nous en plaignons pas, bien au au contraire. Nos produits y gagnent d'être moins mécaniques, de laisser plus de place à la fantaisie, au sentiment artistique. De plus, nous ne créons pas ainsi de grandes fortunes ; mais aussi n'avons-nous pas le prolétariat, que la grande industrie a créé partout où elle s'est établie.

Notre industrie, d'ailleurs, est libre, aussi bien que notre commerce. Comme nous ne connaissons qu'un seul impôt, l'impôt foncier, plus quelques droits de douane qui produisent peu de chose, nos commerçants et nos industriels ne payent ni patente, ni droits d'octrois. Chacun entreprend le commerce ou l'industrie auxquels il lui plaît de se livrer sans être gêné par aucune entrave administrative. Commerce et industrie ne sont, d'ailleurs, que des dérivés de notre agriculture, qui est notre ressource principale et absorbe au plus haut point notre activité. Le Chinois étant essentiellement agriculteur ne cherche pas les gains parfois élevés, mais toujours hasardeux des grandes spéculations commerciales ou financières. Notre argent, tiré du sol, retourne à la terre pour l'améliorer et ne se perd jamais dans des sinistres financiers, pour cette bonne raison que nous n'avons ni valeurs mobilières, ni marché de ces valeurs, ni hausse, ni baisse, ni fortunes subites, ni déconfitures soudaines.

Faites quelques pas dans la ville et vous vous convaincrez de la fidélité du tableau que je vous ai tracé. Ici, une famille de potiers vous montre tous les détails de ses travaux, depuis le lavage du kaolin jusqu'à la sortie du four des fines porcelaines décorées, translulucides et sonores. Là vous trouverez des fabricants de maroquinerie : le père, la mère, les enfants perchés sur de grandes chaises, ont, au-dessous d'eux, sur des tablettes posées entre les pieds de la chaise, les outils et matières premières nécessaires. Tout ce monde travaille gaîment, chacun inventant, à sa fantaisie, le modèle qu'il exécutera, jamais le même. Plus loin, des graveurs sur pierres dures entaillent le jade, l'onyx, l'albâtre, l'agate, le cristal de roche, que leur outil fouille, capricieux, variant à chaque instant ses motifs, selon l'inspiration momentanée de l'artiste. Le sculpteur en bois ou en ivoire, la brodeuse de tapisserie, le ciseleur sur métaux vous offriront le même spectacle de leurs industries restées artistiques, parce que, demeurées patriarcales, elles n'ont pas pris le cachet automatique du travail fait à la machine, par grandes quantités, selon des modèles uniformes.

N'ayant pas de grande industrie, nous n'avons pas non plus de ces immenses maisons de commerce, nécessaires pour écouler les stocks des grands fabricants. L'industriel, chez nous, est en même temps commerçant et vend ses produits dans sa boutique, qui est souvent l'atelier même. C'est la suppression de l'intermédiaire entre le producteur et le consommateur, ou, pour mieux dire, cet intermédiaire, on n'a pas eu besoin de le supprimer, par la simple raison qu'il n'a jamais existé.

Les quelques détails que je viens de vous donner sur notre commerce et notre industrie vous fourniront immédiatement un aperçu très clair de quelques côtés de notre organisation sociale.

Dans des pays où l'homme est à la fois ouvrier, petit industriel et petit commerçant, il ne saurait y avoir de ces distinctions que l'on trouve dans les régions de grande industrie entre patrons et ouvriers; les deux termes se confondant en une seule personne, cette division des hommes en classes devient impossible, et la société tout entière, a, par suite, un caractère plus fraternel. De même, dans ces conditions, la concurrence ne s'exerce pas non plus d'une façon aussi âpre que là où les industriels se livrent chaque jour le combat pour l'existence.

Le résultat de tout cela vous a déjà frappés : en passant dans les rues, vous avez remarqué l'air aisé de la plupart des gens, en même temps que l'absence de visages attristés par la misère ou enflés de l'orgueil que donnent le faste et les abus du luxe.

Vous ne verrez que peu de palais dans vos excursions ; mais vous ne trouverez pas davantage de ces tristes taudis où trop souvent s'étiolent des générations humaines.

Après avoir consacré quelques jours à visiter la ville, nous prenons congé des bonzes hospitaliers et nous remontons en chaise. Nous nous dirigeons maintenant vers le nord-est pour rencontrer le Yang-tse-Kiang ou fleuve Bleu, immense artère liquide qui traverse la Chine de l'ouest à l'est.

Arrivés au fleuve, nous quittons nos chaises

à porteurs pour nous embarquer sur une jonque de dimensions moyennes qui nous porte, en descendant le fleuve, jusqu'au grand canal.

Cette énorme rivière artificielle est peut-être la plus grande œuvre de travaux publics qui ait jamais existé au monde. Songez que ce canal, entièrement creusé à bras d'homme, sans le secours d'aucune machine, relie le fleuve Bleu au fleuve Jaune, puis ce dernier au Pei-Ho. Il traverse ainsi la Chine presque entière, du nord au sud, et met Pékin en communication non seulement avec Canton, mais encore avec toutes les villes importantes situées sur les deux grands fleuves déjà nommés. Parfois le canal dépasse de plusieurs mètres le niveau des plaines adjacentes; il est maintenu alors entre de hautes digues de pierres, et le voyageur peut, du haut de sa jonque, contempler les cultures qui s'étendent à ses pieds jusqu'aux limites lointaines de l'horizon.

C'est par ce canal qu'on transporte la plus grande partie du riz de tribut, impôt payé en nature par les cultivateurs et qui est versé dans

les greniers établis par l'État dans les différentes provinces afin de nourrir l'armée et de
servir de réserve pour les années où la récolte
ne serait pas suffisante.

Nous avons parcouru tout le canal, du sud
au nord, jusqu'au Pei-Ho. Nous débarquons
sur la rive gauche du fleuve et nous continuons
notre voyage vers la capitale. Cette fois, nous
ne retrouvons pas la chaise à porteurs des provinces méridionales. Dans le nord, on se sert
plus généralement de charrettes ou de mulets.
Nous préférons ce dernier moyen de locomo-
tion et nous arrivons bientôt à proximité de
Pékin.

Au lieu d'entrer immédiatement dans la capitale, nous la contournons et nous remontons
au nord pour atteindre la grande muraille construite il y a plus de vingt et un siècles par Tsin-
Shi-Hoang-Ti. Cet empereur est appelé aussi
le brûleur de livres, parce que, pour se débar-
rasser des lettrés et de leur influence dans
notre politique intérieure, il ne crut pouvoir
mieux faire que de brûler tous les livres de
l'empire. Cet acte de vandalisme ne put heu-

reusement être tout à fait complet. Les livres reparurent et la Chine continua à vivre selon les préceptes de ses philosophes, enseignés par ses lettrés.

La légende raconte qu'un devin avait prédit à cet empereur que sa dynastie périrait par Hou. Un peuple de ce nom habitait le nord de la Chine. Shi-Hoang-Ti, croyant que sa prophétie visait ce peuple, fit élever la grande muraille qui traverse toute la largeur de la Chine septentrionale depuis la mer jusqu'aux montagnes occidentales.

La prophétie n'en devait pas moins se réaliser. Shi-Hoang-Ti avait un fils qui, lui aussi, portait le nom de Hou. Devenu empereur à la mort de son père, Hou commit tant de fautes qu'il fut renversé et sa dynastie chassée à jamais. Ainsi le devin eut raison, malgré la grande muraille.

J'ai tenu à vous rapporter la légende en même temps que le fait historique, ne fût-ce que pour vous montrer que les oracles sont partout les mêmes dans leur ambiguïté et qu'il ne faut pas se fier aux prédictions ni aux devins, pas plus en Chine qu'à Delphes ou ailleurs.

Vous avez vu que, pendant tout notre voyage, nous n'avons eu à compter que sur nous-mêmes et sur l'hospitalité familière aux habitants. Mais si notre excursion se fut dirigée vers les régions incertaines et quelquefois peu sûres qui marquent une certaine partie de notre frontière occidentale, celles, par exemple, qui touchent au Turkestan, les choses ne se fussent pas passées de même. A partir de quelques villes désignées, nous n'aurions pu continuer notre route qu'avec une escorte de soldats chinois, escorte destinée à nous protéger contre les dangers que le voyageur peut courir dans une contrée aux populations encore insuffisamment assises.

Après avoir admiré la grande muraille, construite en terre recouverte de maçonnerie sur une base de pierre; après nous être assurés qu'elle a bien une épaisseur de 8 mètres au pied et de 5 mètres au sommet, sur une hauteur variant de 5 à 10 mètres, et que sa partie supérieure est recouverte de tuiles et garnie d'un parapet ; après avoir examiné curieusement les tours d'un ou deux étages, hautes de 13 à 17 mètres, élevées de distance en distance à côté de la muraille et les larges portes gardées par des postes de soldats, nous quittons cette merveille.

Cette fois, c'est la capitale que nous allons voir. Avant d'y arriver, nous nous arrêtons à la sépulture des Ming, grand édifice précédé d'une allée bordée de sculptures représentant des animaux de taille gigantesque, reproduits avec une rare fidélité. Puis nous poursuivons notre chemin vers la résidence de l'empereur.

Pékin est divisé en deux villes : au nord la ville tartare, au sud la ville chinoise. La première forme à peu près un carré de cinq kilomètres de côté ; elle est entourée de murailles énormes, percées de trois portes du côté sud et de deux à chaque autre face. Au centre, se trouve le palais impérial, autour duquel s'étalent les résidences des princes et les demeures de soldats des huit bannières, gardes de l'empereur.

La ville chinoise, qui touche au côté méri-

d'o ial de la ville tartare, forme un grand paral-
lélogramme long de sept kilomètres environ
sur quatre de largeur. Les murs qui l'envi-
ronnent offrent deux portes au nord, une à
l'est, une à l'ouest et trois au midi.

Lorsque, debout sur ces fortifications, on
jette un coup d'œil sur la ville, on voit d'abord
une quantité prodigieuse de maisons basses
avec leurs jardins clos de murs, les larges
avenues et les ruelles étroites qui les coupent.

C'est d'abord le palais impérial qui frappe
vos regards : ce palais qui, à lui seul, est toute
une ville. A gauche, vous voyez l'observatoire,
dans lequel on vous montrera une gigantesque
sphère armillaire soutenue par quatre dragons
en bronze. Vous parcourez une longue suite
de maisons à un étage, sur rez-de-chaussée,
avec leurs toits en forte pente, pour vous arrêter au triple toit du temple du Ciel, avec son
autel à ciel ouvert, qui dresse ses trois étages
garnis de rampes à colonnades. Plus loin, voici
la tour à la *Cloche*, qui renferme une des cinq
cloches de 53,000 kilos chacune, fondues par
l'empereur Yung-Lo. En face c'est la tour au

Tambour. Plus loin encore, c'est le temple de Confucius, précédé d'un arc de triomphe de pierre délicatement sculpté, avec trois portes fermées par des colonnes droites. Là-bas, à grande distance, vous apercevez le cénotaphe érigé au Lama-Banjiu, du Thibet, monument bâti et sculpté avec une richesse et un goût exquis.

Non loin du temple de Confucius, se trouve l'Université nationale. Vous y admirerez la salle des *Classiques*, construite par le souverain Kien-Lung, avec sa base de marbre, ses toits à colonnes de bois sculpté et sa coupole dorée; quatre ponts de marbre y conduisent et vous montrent leurs arches de même matière, merveilleusement ciselées.

Si nous descendons maintenant de ces murs élevés, pour nous engager dans l'intérieur de la ville, vous êtes frappés aussitôt par le caractère joyeux des rues. La vie, sans être fiévreuse, y est très active. Les maisons, peintes de toutes nuances et agrémentées de dorures; les hautes enseignes des boutiquiers, qui vantent leurs marchandises en réclames peintes, aux caractères gigantesques, non seulement sur les murs et les enseignes de planches, mais encore sur des étoffes et des lanternes de toutes couleurs, qui flottent au-dessus de vos têtes; tout cela donne à la ville l'animation et la gaieté d'une fête.

Entrons dans quelques-unes de ces boutiques; visitons, si vous le voulez, celles des industries particulièrement exercées à Pékin.

C'est, d'abord, l'industrie de l'ivoire qui vous attire. Vous savez tous quel parti nous savons tirer de la dent de l'éléphant, et chacun de vous a pu voir nos éventails, nos constructions, nos figurines d'ivoire. Laissez-moi seulement vous dire que les boules concentriques d'ivoire, si finement sculptées, doivent leur existence à un tour de main particulier : avant de les sculpter, l'artiste place le morceau d'ivoire dans une espèce de palmier, dont la sève amollit cette matière si dure. On la travaille alors très facilement; puis, exposée à l'air elle retrouve bientôt sa rigidité primitive.

Voici, maintenant, l'atelier de l'émailleur.

Le cloisonné paraît sous toutes ses formes : à côté de boîtes à bonbons, vous trouverez des jardinières montées sur bronze, des brûle-parfums en forme de pagode, des aiguières du fer le plus fin. Vous voyez l'ouvrier appliquer d'abord sur le fond les rubans du métal qui divisent la surface en cloisons destinées à recevoir l'émail. Quand le réseau métallique est achevé et forme un dessin parfait, on y introduit l'émail en poudre, rendu plus maniable par l'addition d'un peu d'essence. Puis l'objet est mis au four : l'essence s'évapore, l'émail se fixe et le vase, retiré, apparaît avec sa surface unie, offrant aux regards l'enchevêtrement artistique des plantes, des insectes et des oiseaux.

Une autre industrie de la capitale est celle des laques, peints ou sculptés. Vous suivez des yeux toutes les opérations que l'artiste fait subir à la laque brute, avant de l'appliquer sur l'objet, soigneusement préparé; puis vous voyez s'ajouter les couleurs et les vernis qui recouvrent en dernier lieu, de leur transparence protectrice, le jaune éclatant de l'orpiment, le rouge brillant du cinabre, la teinte rose du carthame, le violet de l'oxyde de fer brûlé ; que sais-je encore ! Le vernis se met dans un atelier bien fermé, contre le vent et la poussière, ennemis dangereux de ce travail délicat.

Les laques sculptés sont encore plus difficiles à réussir : l'artiste travaille en pleine pâte, avec une sûreté de main extraordinaire. Il n'a pas le droit de se tromper, car il ne pourrait corriger une erreur et toute son œuvre serait perdue, après tant de peines et de patience !

Avant de quitter la ville, jetez encore un regard sur cette succession de palais, où siègent les différents corps qui administrent plus de 400 millions d'hommes. Voici les ministères, à la tête desquels se trouvent non pas des individualités isolées, comme en Europe, mais des conseils directeurs. Là-bas, c'est le palais de la *Censure*, de la redoutable *Cour qui veille à tout* et étend son action, depuis le dernier sujet, jusqu'à l'héritier présomptif du trône. Ailleurs, vous voyez une salle de Justice : les causes civiles s'y plaident fort simplement : pas d'avoués, pas d'huissiers, pas de notaires, pas d'avocats et pas de code ! Le magistrat écoute les parties et décide d'après l'équité. Nous n'avons codifié que la loi pénale, pour empêcher des punitions arbitraires. Pour les affaires civiles, le bon sens de nos juges et la tradition suffisent amplement et les plaideurs, qui peuvent toujours en cas d'injustice, en appeler à la *Censure*, ne se plaignent pas de ne recevoir que les écailles, parce que nous n'avons pas de Perrin Dandin qui garde l'huître pour lui.

Pour revenir en Europe, après avoir ainsi parcouru l'Empire du Milieu, je vous conseillerai de suivre la voie de terre jusqu'à Tien-Tsin. Là, vous trouverez une jonque dans laquelle vous pourrez suivre tout le développement de nos côtes, et juger ainsi de l'activité de nos industries maritimes, vous rendre compte de la valeur de nos pêcheries et de l'importance de nos transactions intérieures par le nombre des navires qui font le grand cabotage entre nos ports.

Arrivés à Canton, nous retrouvons des paquebots européens. Vous pouvez, si vous le voulez, vous embarquer pour San-Francisco, traverser l'Amérique et revenir en Europe par un des grands transatlantiques, qui font quelquefois la traversée en sept jours. Mais, si, comme je le crois, ce long voyage vous a donné le désir de rentrer au logis, sans encore examiner le continent américain, nous reprendrons simplement la route suivie à l'aller.

Nous voici de retour au Havre, avec la satisfaction d'avoir vu beaucoup de choses et le regret d'en avoir omis quelques autres. Une fois au repos, après ce long voyage en Chine, la réflexion vient et vous vous demandez si tous les spectacles qui se sont déroulés sous vos yeux sont bien réels.

Comment! vous dites-vous, avec une légère teinte de scepticisme, est-ce que réellement la Chine en serait là? Une nation qui renferme presque le tiers de la population du globe, vivrait là-bas, au milieu de champs presque toujours fertiles, dans cette tranquille satisfaction que donne la prospérité, Elle jouirait en paix

de son heureuse médiocrité, de l'aisance
générale, sans spéculations, sans crises, sans
prolétaires, sans grèves, dans ses vieilles
mœurs égalitaires, sous la paternelle direction
du gouvernement, sous l'administration intelligente d'une classe de lettrés ! Le tableau est
évidemment trop flatté ! Il faut bien que, selon
le proverbe, il y ait un revers à cette mé-
daille !

Je ne le nierai pas ; le revers, le voici : Séparés
pendant de longs siècles du reste du monde
nous n'avons eu à compter que sur nos propres
forces et la civilisation européenne ne nous a
pas donné les magnifiques résultats que la
science a produits chez vous.

Et, pourtant, ce n'est que peu à peu, pru-
demment et avec une sage lenteur, que nous
nous approprions les ressources dues à votre
civilisation occidentale. Notre gouvernement
veut éviter les changements brusques qui trans-
formeraient trop soudainement notre société et
ses antiques traditions. Aussi, n'allons-nous
pas adopter à la hâte telle ou telle de vos
grandes inventions qui bouleverserait notre

milieu social. Nous y arriverons progressivement. L'expérience nous a appris qu'avant de se servir d'un instrument il faut avoir les savants capables de l'utiliser. Aussi notre gouvernement s'est-il préoccupé, avant tout, de former les jeunes générations et de les initier à la science moderne.

Chaque année, de nombreux jeunes gens, préparés dans les écoles chinoises et entre autres dans l'école des constructions navales et l'école de navigation de Fou-Tchéou, fondées par le regretté Prosper Giquel, sont envoyés dans les principaux pays d'Europe, pour y étudier dans vos écoles vos langues, vos législations, les mathématiques, la physique, la chimie, l'art de l'ingénieur. Bientôt ce régime aura donné à la Chine un corps suffisant d'hommes familiarisés avec les dernières découvertes du monde occidental. Alors nous pourrons, sûrs de nous-mêmes, marcher résolument en avant ; alors l'Europe et l'Extrême-Asie, longtemps séparées, pourront s'unir dans la plus noble des rivalités sur le terrain infini du progrès, de la science et de la civilisation.

LES INSECTES UTILES
DE LA CHINE

C'est aux Tuileries que le célèbre agronome Olivier de Serres, en 1601, plantait les vingt mille mûriers blancs, sur la demande de François Ier et Catherine de Médicis.

Et comme l'industrie séricicole est une de nos premières institutions en Chine, il est tout naturel que je vous propose de commencer par la culture du ver à soie.

Vous connaissez tous trop bien la manière dont on élève chez nous les vers à soie pour que j'aie besoin de vous la raconter en détails, au fond, notre méthode n'a pas beaucoup de différences avec la vôtre, peut-être celle-ci n'a-t-elle fait

14.

que copier l'institution chinoise sans aucune prétention à la nouveauté. Il va sans dire que la science moderne a dû changer bien des choses en les améliorant, et puis l'influence des climats donne souvent lieu à des modifications. Mais notre institution remonte à 2.700 ans avant J.-C. La femme de l'empereur Hoang-Ti eut alors, la première, l'idée d'élever les vers à soie et de confectionner, avec le produit de cette culture, des vêtements pour habiller le peuple, que gouvernait son auguste mari.

Cette invention eut un tel résultat, qu'elle s'est propagée aujourd'hui dans tout l'univers sur une échelle de plus en plus grande. Malgré la laine et la fourrure que nous fournissent les animaux, la soie reste et restera toujours un article de luxe dont nul ne peut se passer, lorsqu'il a le moyen de s'en procurer. Nous ne revenons pas rien qu'à nos moutons.

Chez nous, nous sommes toujours très reconnaissants envers nos bienfaiteurs, nous avons pour l'inventrice de la science séricicole un vrai et perpétuel culte. Ainsi, outre les temples élevés en son honneur dans tous les coins de l'Empire, tous les ans, à l'époque de l'éclosion des vers à soie, Sa Majesté l'Impératrice se rend, en personne, avec toute sa suite, et en grande pompe, au champ du Mûrier pour faire des sacrifices à la déesse qui fut épouse de l'empereur Hoang-Ti.

Après la cérémonie qui a eu lieu au temple, Sa Majesté, suivie des dames d'honneur, cueille, au milieu des champs et entourée des femmes des cultivateurs, quelques feuilles du mûrier, puis elle dépose elle-même ces feuilles sur le panier où se trouvent les nouveau-nés et la Souveraine clôt la fête en dévidant, devant le peuple, un cocon de vers à soie comme pour donner l'exemple, et en distribuant les récompenses aux personnes les plus méritantes qui lui ont été signalées par les autorités du district chargées de veiller à la culture des vers à soie.

Cette cérémonie, une des plus importantes de l'année que Sa Majesté ait à accomplir, est un grand encouragement pour la population

séricicole; en présence du labeur de la Souveraine, elle n'ose négliger le sien. C'est une
question capitale dans un pays essentiellement
agricole comme le nôtre. Un vieux proverbe
dit : « Un cultivateur paresseux fait mourir
dix hommes de faim; une femme qui ne tisse
pas verra dix individus mourant de froid. » Ce
proverbe prouve combien l'encouragement est
nécessaire et il montre également que la culture du ver à soie et le tissage appartiennent
exclusivement aux femmes.

En Chine, l'époque de l'éclosion coïncide
toujours avec les premiers coups de tonnerre
du printemps. Au bruit de ses détonations on
veille sur les œufs soigneusement préparés
jusque là, et à partir de ce moment on peut
compter les éclosions jusqu'au 5e jour au plus.
A cette époque, le tonnerre révèle l'action de
cette électricité dont on se sert actuellement
en Europe pour hâter l'éclosion au moyen d'une
pluie d'étincelles.

Afin de protéger la culture du mûrier, il est
même interdit, dans certaines contrées, d'élever les polyvoltines, c'est-à-dire les vers qui

font plusieurs générations par an. Mais la plupart des chenilles n'ont que trois mues. Ici, permettez-moi de vous faire remarquer que nous désignons les mues par deux périodes : 1° au moment où les chenilles cessent de prendre de la nourriture, nous disons qu'elles se couchent ; 2° au moment où elles se dépouillent de la carapace, nous disons qu'elles se lèvent. Une autre particularité : lorsqu'on les étouffe à l'eau chaude, on dit que c'est un bain que prennent les vers.

Pourquoi, et que signifient ces mots : se coucher, se lever et se baigner ? Je ne sais, mais je suppose que lorsqu'on est chargé de bien les élever, on veut qu'ils aient une conduite régulière et de la propreté.

La qualité de notre soie et le moyen de sa fabrication sont aussi trop connus pour que j'aie besoin de les énumérer dans ce court entretien ; mais je tiens à vous signaler une particularité qui, je crois, n'existe que chez nous, et dont la découverte remonte à l'antiquité.

C'est le son de la soie. Avant que mes compatriotes eussent inventé l'art de travailler la soie et de l'employer à la fabrication des étoffes, ils avaient trouvé le secret de la faire servir à la musique, et d'en tirer les plus doux et les plus tendres sons.

Du temps même de l'empereur Fou-Hi (3,000 ans avant Jésus-Christ), ils firent un instrument qui ne consistait qu'en une simple planche d'un bois doux, sec et léger, sur laquelle ils avaient tendu plusieurs cordes en fil de soie, qu'ils avaient joint ensemble en les tordant dans leurs doigts. Peu à peu, ils façonnèrent la planche; elle fut courbée en voûte, et on y garda certaines dimensions. Les cordes furent filées avec plus d'art; les fils de soie qui les composaient furent comptés, et l'on en détermina le nombre selon les différentes grosseurs désirées. Ces cordes, pincées légèrement, rendirent ainsi tous les sons, graves, aigus ou moyens, suivant le degré de tension qu'on leur donnait et le nombre des fils dont elles étaient composées.

Telle est en substance l'origine de nos premiers instruments de musique Kin et Chè, inventés tous les deux par le même auteur et à la même date, et qui rendent l'un et l'autre le son propre de la soie.

La construction de l'instrument Kin est aussi très intéressante à connaître. Il est tout en bois de Toung. Sa partie supérieure est arrondie pour représenter le ciel; sa partie inférieure est plate, elle représente la terre. La demeure du dragon, c'est-à-dire la partie supérieure, depuis le chevalet est fixée à huit pouces pour représenter les huit aires du vent ; le nid de Foung-Hoang, c'est-à-dire la même partie prise dans sa hauteur, a quatre pouces pour représenter les quatre saisons de l'année. Il est garni de cinq cordes qui représentent les cinq planètes et les cinq éléments ; sa longueur totale est de sept pieds deux pouces pour représenter l'universalité des choses.

L'inventeur, au moyen de cet instrument, régla d'abord son propre cœur et renferma ses passions dans de justes limites. Il travailla ensuite à civiliser les hommes. Il les rendit capables d'obéir aux lois, de faire des actions dignes de récompense, et de cultiver en paix l'industrie, d'où naquirent les arts.

Outre ces cinq cordes qui donnent les cinq tons pleins, il y a encore deux autres cordes qui donnent les demi-tons et qui représentent le soleil et la lune.

Quant à la construction de Chè qui avait cinquante cordes et qui a encore vingt-cinq cordes, je vous demande la permission de ne pas en parler; car je vois qu'en parlant du son de la soie, je m'étends trop sur la musique; il a été pourtant utile de vous donner une idée complète de l'instrument Kin qui nous valut la découverte du son de la soie.

Je passe maintenant à l'apiculture et rapidement :

On élevait très peu d'abeilles dans l'antiquité, mais sous les trois premières dynasties de la Chine on se mit à cultiver avec ardeur les abeilles domestiques. Avant que Cadmus eût porté des lettres aux Grecs barbares et que Minos eût donné des lois à l'île de Crète, la table des empereurs de Chine, ainsi que celle de nos princes, étaient couvertes chaque jour de plusieurs sortes de mets, de viandes avec des gâteaux de miel et de froment.

On distingue chez nous trois sortes d'abeilles : les abeilles des forêts, les abeilles des rochers et les abeilles domestiques. Les premières sont plus grosses et d'un jaune se rapprochant du gris, les secondes sont presque noires et les dernières jaunes comme les vôtres.

Quant au miel, il est blanc, jaune plus ou moins clair, suivant les endroits; il varie également de saveur et de parfum.

Nos historiens remarquent comme une providence singulière que les abeilles des forêts se sont multipliées considérablement certaines années dans des districts affligés par la famine, au point d'être un grand secours pour le peuple.

Pour bien comprendre ce que l'histoire entend par là, je crois utile de vous faire une citation trouvée dans un ancien livre, qui donne diverses préparations de farine, de racines et de cire, admirables pour suppléer à une nourriture abondante. Parmi ces préparaions, la plus estimée est celle dont on fait usage quelquefois dans les fortins des frontières et dans les voyages où l'on a à traverser de longs déserts et en voici la formule :

« Faire cuire dans l'eau en pâte très épaisse six onces de fleur de farine, cinq onces de belle colle-forte (transparente comme de la gomme, préparée avec beaucoup de soin et parfumée par les aromates qu'on y mêle). Quand la pâte est cuite et refroidie, en former de petites boules grosses comme des pois et, ces boules une fois séchées, les jeter dans trois onces de cire jaune fondue, puis remuer jusqu'à ce qu'elles l'aient toutes pompée, les laisser alors sécher de nouveau à l'ombre, après quoi les mettre dans un vase de terre et les garder pour s'en servir en cas de besoin. »

Quand on a pris à jeun quarante à cinquante de ces boules, on peut rester plusieurs jours sans absorber d'autre nourriture ; la seule précaution qu'il faille prendre, c'est de boire chaud après les avoir avalées.

Dans les autres recettes, on fait entrer dans la composition des boules de racines aquatiques, de la poussière, de la viande sèche, des graines huileuses, des amandes, des pois, du miel, des aromates, etc., etc. On dit que quelques-unes peuvent soutenir et conserver la santé pendant huit ou dix jours et même davantage, quand on en a pris deux ou trois onces. Si l'on en prend tous les jours une demi-once, on peut se passer de nourriture pendant plusieurs mois.

Ce fait, si singulier qu'il paraisse, a été constaté plusieurs fois.

N'est-ce pas là une concurrence terrible pour les jeûneurs Succi et Merlatti qui, au fond, ne doivent pas posséder un secret plus puissant que celui-ci, puisqu'ils n'ont pu résister aux aliments aussi longtemps que mes anciens compatriotes ?

Aujourd'hui, les abeilles domestiques sont moins nombreuses en Chine ; l'hiver, trop rigoureux dans le Nord, et l'été, trop pluvieux dans le Midi, rendent la conservation des ruches trop difficile. Une autre raison encore plus évidente, la cause plus sérieuse de cet abandon, c'est la culture des abeilles sauvages.

Celles-ci se logent sur les arbres dans toutes les provinces du Midi, et à moitié en terre dans

les provinces du Nord. Nos habitants méridio-
naux placent leurs ruches dans des endroits
exhaussés, secs et aérés, pour leur épargner
les incommodités de l'humidité et de la trop
grande chaleur. Ceux du Nord, au contraire,
les placent dans des endroits enfoncés, abrités
et tournés au Midi. Le paysan regarde comme
un point essentiel de ne laisser ni trop ni trop
peu de miel aux abeilles, pour qu'elles ne deviennent pas paresseuses ou stériles, ou
qu'elles se voient réduites à l'état d'épuisement.

Dans le Midi, on fait deux récoltes de miel
et de cire : au printemps et en automne ; dans
le Nord, on n'en fait qu'une au printemps.

Nous avons une autre espèce d'insectes à
cire blanche que nous appelons Pé-la-Tchong ;
on en a fait la découverte au 11e siècle, et nous
en avons maintenant dans presque toutes nos
provinces, bien que nous employions encore
le moyen de blanchir la cire jaune que fournissent les abeilles de certaines contrées.

Ces insectes se logent également sur les arbres appelés arbres à cire, qui restent verts
toute l'année et qui se recouvrent au printemps

de fleurs blanches ressemblant à celles de l'aubépine.

Les gens qui cultivent ces insectes accrochent, au commencement du printemps, les cocons, gros comme les œufs de poule, et d'une couleur violette. Ces cocons, espèces de galles de Chine et de formes inégales, contiennent les œufs d'insectes par plusieurs centaines. A mesure que l'éclosion se fait, les insectes grimpent de suite aux feuilles des arbres à cire, où ils se tiennent collés à merveille, comme pour y faire corps.

Le liquide qu'ils distillent sur les branches se transforme instantanément en cire blanche, et, au moment de la récolte, ces arbres sont tellement blancs, que de loin on les croirait couverts de neige.

Ces insectes, blancs à leur naissance, deviennent presque noirs à l'approche de la mort.

En été on arrache les nouveaux cocons pendus aux arbres et on les tient cachés, enveloppés dans une feuille de no, plante exotique, pour les préserver des fourmis qui les dévorent avec appétit lorsqu'elles les trouvent. Pendant la saison on met également au pied des arbres toutes sortes de choses insecticides pour éloigner les fourmis. Cette cire est plus blanche et plus belle que celle des abeilles. L'industrie de bougies et de chandelles en fait une grande consommation.

Si la plupart des insectes sont nuisibles, beaucoup d'entre eux ont une utilité incontestable dans la pharmacie en Chine.

Nos anciens faisaient usage dans la médecine des végétaux, des animaux, des minéraux et des insectes qu'ils avaient rangés par classes, ainsi que l'indique la longue nomenclature de Eul-Ya, notre recueil d'histoire naturelle. Il est évident qu'ils se servaient sinon intérieurement, du moins extérieurement, des poisons et des venins les plus redoutés et qu'ils savaient les atténuer comme les amalgamer avec assez d'art pour en faire des remèdes bienfaisants. Ils savaient extraire des sels, exprimer des huiles et préparer des décoctions et des infusions médicales. Tout cela tenait à une théorie supérieure à ces routines qu'aucune connaissance approfondie ne guide ni éclaire.

Ils avaient découvert ainsi les plus curieux secrets de la chimie.

A en raisonner, ces sciences des anciens nous paraissaient aussi simples que nos mœurs de ce temps. — La religion et la politique y étaient pour beaucoup. — D'après le Ly-Ki, livre des rites, nous avions un réglement qui montre combien était éclairé le conseil de la médecine. On interdisait de vendre au marché des herbages, des légumes ou des fruits précoces ou prématurés ; de manger pendant certaines saisons certains poissons, gibiers ou animaux. Un autre réglement fixait l'âge de se marier et l'âge d'entrer dans la milice. Enfin c'était la médecine qui réglait le temps où l'on devait quitter ou prendre les fourrures ou habits de coton, les soies doublées ou sans doublure, les gazes ou les toiles légères. Combien d'imprudences épargnées par là aux vieillards qui veulent encore paraître jeunes et aux jeunes qui veulent trop le paraître.

La médecine prescrivait, les princes et le

peuple se soumettaient à ses ordonnances. C'était en effet très simple.—C'est justement la simplicité des mœurs qui ne donne pas assez de maladies trop compliquées pour avoir recours à la haute chimie. La nature n'avait pas encore reçu l'outrage de voir la personne la plus noble renversée par des vapeurs et des bourgeois étudiant soigneusement leur digestion. On ne connaissait pas à cette époque-là les affreux ravages pour lesquels les modernes emploient le mercure. Aussi dans les annales de médecine on ne trouve pas de noms pour la plupart des maladies de langueur, de faiblesse, etc. Ils ne sont inventés qu'à mesure que la bonne chère et la luxure augmentent.

Le torrent des siècles a pu épargner quelques-uns de nos anciens livres de médecine, c'est grâce à cette épave que nous avons su conserver encore la méthode et le traitement dans la pratique de l'art médical, qui ne cause pourtant pas plus de mortalité que partout ailleurs, au contraire !

Pour revenir à notre sujet, je vais indiquer, sans entrer dans les détails, l'utilité de quelques-uns de nos insectes dans la médecine.

Par exemple : pour le croup, on prend sur les vieux murs sept nids de grosses araignées, dont deux au moins doivent contenir les araignées vivantes. On en fait une pâte à laquelle on ajoute deux grammes et demi d'alun dissous d'avance. On les réduit ensemble, après avoir bien mélangé, sur le feu, puis on laisse refroidir la cendre. Au moyen d'un petit tube de bambou, on souffle cette cendre dans la gorge du malade qui se sent immédiatement débarrassé du mal qui l'étouffait.

Il paraît qu'avec ce moyen on peut même rappeler à la vie ceux qui sont déjà emportés par la maladie foudroyante. Pendant la convalescence, il est défendu aux malades de manger de la viande chaude et des aliments indigestes.

Les lézards que nous appelons « tigres des murs » ont leur venin dans la queue qu'ils jettent en se sauvant, si on les poursuit de trop près. Cette queue, après être tombée à terre, a la force de rebondir pour entrer justement dans l'oreille de celui qui poursuit la bête. Alors l'oreille saigne tellement qu'il n'y a pas moyen d'arrêter le sang. Mais il existe une espèce de lézards blancs appelés « Siou-Kung » (garde palais) qui sont au contraire très précieux. Quand on les trouve, on les enferme dans une cage, en leur donnant pour nourriture du vermillon mélangé de miel. Ils deviennent complètement rouges après cent jours de ce régime. On prend leur sang et on en met une goutte sur le bras des jeunes filles. Cette tache ne s'efface généralement que le lendemain du mariage... et les filles sages la portent avec fierté. Sous les dynasties de Hau et de Tang, on employa, pour préserver les jeunes filles au service du palais, ce moyen qui, ce me semble, faciliterait les opérations du jury pour le choix des rosières.

La cigale a aussi sa part d'influence dans la médecine. Elle n'est que la métamorphose des vers de terre et, à l'automne, elle devient muette d'abord, en se dépouillant d'une carapace, et meurt ensuite en se rapetissant accrochée sur l'arbre. La vie de la cigale ressemble bien à celle des gens qui n'aiment que chanter, mais la cigale a encore cet avantage, celui de voir sa peau utile à quelque chose. C'est la tisane de cette carapace, mélangée d'autres substances médicales, que nos médecins emploient pour traiter la fièvre des enfants causée par le froid.

Je vous ai parlé des grosses araignées, mais nous en avons encore d'autres qui ont aussi quelque utilité. Celles qui répandent leur toile au coin du grenier. Si elles ont le corps gris, elles sont d'un remède excellent pour le choléra ou pour le carreau des enfants, On s'en sert aussi comme de sangsues pour sucer le sang vicié par la morsure des bêtes venimeuses, telles que les serpents, les mille-pattes et les scorpions. La morsure des araignées peut être quelquefois mortelle aussi, si on n'applique pas à temps un essaim de cellules détaché de la ruche des abeilles de terre. Pour compléter ce chapitre sur les araignées, je crois intéressant d'ajouter qu'on ne guérit les goîtres qu'au moyen des fils d'araignées serrés autour du mal.

Je vous entends, ce sont là, dites-vous, des

remèdes de bonnes femmes en usage à la campagne. Détrompez-vous, du reste, je dois ajouter qu'il ne s'emploient jamais seuls. On les mélange toujours avec d'autres médicaments prescrits par une savante ordonnance. On ne les emploie seuls que lorsque le médecin n'arrive pas à temps.

A Canton, il y a un arbre à moustiques. Vous verrez pourquoi on lui donne ce nom. Il ne diffère pas beaucoup des autres arbres, mais il porte un fruit semblable à une prune jaune. Quand le fruit est mûr, il en sort une quantité de moustiques. Ce fruit-là n'est qu'en réalité une espèce de galles de Chine, qui renferme les insectes nouveau-nés. A la province de Kiang-Si, on voit souvent un oiseau de l'espèce du cou-cou ; lorsqu'il chante, une multitude de moustiques sortent de son bec.

Ce sont là des phénomènes assez curieux.

Je vous raconte pêle-mêle tout ce que je sais, sans exagération aucune, c'est pour vous prouver que je ne sais pas davantage. Je vous fais cette confidence et espère que les autres insectes de mon pays ne me reprocheront pas de les avoir traités, moi aussi, en quantité négligeable.

Pour ne pas abuser de votre bienveillante attention, je terminerai cette causerie, si vous le permettez, en vous décrivant le récit d'un combat de grillons, jeu naïf et innocent, bien en rapport avec les mœurs patriarcales d'un peuple que la Société protectrice des animaux pourrait recevoir tout entier dans son sein.

Pas d'arène, aucun préparatif, rien de la mise en scène des combats de coqs, et à plus forte raison des courses de taureaux.

Les grillons sont des lutteurs acharnés, mais de bonne compagnie. Ils combattent avec les armes que la nature leur a données sans demander à des éperons d'acier le moyen d'arracher à son adversaire une plume, un œil ou un lambeau de chair.

Un entraînement raisonné les prépare au combat. Dès sa capture dans les champs, le grillon est enfermé dans une cage de bambou, où il reçoit comme nourriture quelques feuilles de salade et des grains de riz. Après quelques jours de ce régime, il sort de sa prison ; on lui apprend alors à mesurer ses forces avec un vétéran. Pour cela, on place les deux adversaires dans une coupe ; celle-ci est en bois, afin que les combattants glissent moins sur leurs pattes. L'entraineur leur chatouille la tête avec un cheveu pour les exciter. Quand ils sont bien en colère, ils se précipitent l'un contre l'autre ; au premier choc, la victoire est décidée. Le vaincu se retire calme et résigné, tandis que le vainqueur, battant de l'aile, célèbre son triomphe par ses cris stridents. Après une série d'expériences, on choisit les champions qui figureront dans les luttes publiques, et sur lesquels des paris seront engagés avec cette ardeur que mes compatriotes mettent dans tous les jeux. Mais cette passion n'est pas ruineuse ; jamais les enjeux ne dépassent quelques sous. Cela permet aux joueurs de s'adonner plus souvent à leur distraction favorite.

Vous voudrez bien reconnaître, comme moi, que ce jeu, aux proportions modestes, ne dénote, chez ses admirateurs, rien de la barbarie étroite des combats de coqs, ni de la sanglante sauvagerie des combats de taureaux.

L'homme a besoin de demander aux animaux un sujet de distraction et d'émotion, ceux qui suivent si passionnément les courses de chevaux qui entraînent parfois mort d'hommes, ne doivent pas s'étonner que mes compatriotes se livrent à des combats inoffensifs de grillons. La passion du pari demande à être satisfaite, quelle que soit l'importance de son objet. Du reste, n'est-il pas plus moral de se distraire en voyant des animaux infiniment petits, dépourvus de raison, quoique doués d'une certaine intelligence, se livrer à des luttes anodines, plutôt que de prendre plaisir à suivre, d'un œil jaloux, les progrès que font les hommes dans l'art de se détruire ?

L'ÉDUCATION COMMERCIALE EN CHINE

Je vais vous parler maintenant de l'*Education commerciale en Chine*.

Le sujet de causerie qui m'a été désigné par mon ami Napoléon Ney me plaît infiniment, et cela pour deux raisons capitales : la première, c'est que l'organisation de l'éducation commerciale, en Chine, n'existe pas ; la deuxième, c'est que l'éducation commerciale, en Chine, est, à tous les points de vue, admirablement comprise.

Ce que je viens de vous dire doit vous sembler bien extraordinaire. Et cependant, il n'y a, dans mes paroles, rien de paradoxal. Elles sont l'exacte expression d'une vérité que vous ne tarderez point à reconnaitre. Soyez assez bienveillants pour m'accorder votre attention, et vous verrez bientôt que je n'ai rien à retirer de ce que j'avance.

Dans les pays européens, l'adolescent, qui se destine au commerce, a le choix entre plusieurs établissements d'instruction commerciale, spécialement organisés à l'effet de pourvoir les jeunes gens, à divers degrés, de l'enseignement nécessaire. A Paris, vous avez notamment l'Ecole commerciale, l'Ecole supérieure du commerce, enfin, l'Ecole des Hautes Études commerciales, inaugurée il y a quelques années et qui, m'a-t-on dit, fournit des résultats admirables.

L'élève qui entre dans ces écoles, soutenues à juste titre par l'appui du gouvernement, peut y devenir un commerçant parfait. J'ai parcouru avec curiosité d'abord, avec un réel intérêt ensuite, le programme d'admission et le programme des cours de l'Ecole des Hautes Études commerciales et j'ai constaté ceci :

Pour entrer dans cette école, il faut déjà être un petit savant, posséder, au grec et au latin près, l'ensemble des connaissances exigées

6!.

pour les deux baccalauréats. Mathématiques, physique, chimie, histoire naturelle, géographie, histoire : l'étudiant doit connaître toutes ces sciences et les bien connaître.

Après un examen assez rigoureux, le véritable enseignement commercial commence. Comptabilité, finances, économie politique, droit civil et commercial, statistique des productions, géographie commerciale, voies de communications du globe, matières premières tirées de tous les règnes de la nature et leurs transformations industrielles . en deux ans, l'élève a parcouru tout ce cycle d'études. Et si ses capacités sont à la hauteur de la tâche, il sortira de cette école magnifiquement armé pour le combat de la vie.

Eh bien, en Chine, nous n'avons rien, absolument rien qui, de près ou de loin, ressemble à ces institutions. En l'absence d'établissements publics de cette nature, notre commerçant ne peut compter que sur lui-même. Je m'empresse d'ajouter que sa situation n'en est pas moins bonne.

Non pas que je regarde comme inutiles les

grandes écoles dont je viens de faire l'éloge ; bien au contraire. J'appelle de tous mes vœux le jour où nous verrons fleurir, en Chine, aussi, ces admirables établissements d'instruction, où nos jeunes gens viendront ajouter à ce qu'ils savent les ressources toutes-puissantes d'un enseignement aussi largement conçu, aussi synthétique. Je veux dire seulement que, jusqu'ici, nous avons procédé par une méthode toute différente : je vais vous expliquer cette méthode et vous en faire connaitre les effets, vous montrer comment, sans écoles, sans appui des autorités, nous arrivons à donner à nos négociants une éducation commerciale exceptionnelle.

J'ai eu l'occasion, bien souvent déjà, de dire que le gouvernement de mon pays était essentiellement patriarcal ; que toutes nos institutions étaient construites sur le modèle de la famille.

Eh bien ! Il en est de l'éducation commerciale, comme de tout le reste. L'Etat n'a pas songé à y pourvoir et ne pouvait y songer, car la famille faisait tout le nécessaire. Et la famille pouvait tout, parce qu'aucun préjugé ne s'opposait à son action.

Nous n'avons jamais connu, en effet, certaines distinctions de classes qui, pendant longtemps, ont été absolues en Europe et qui ne sont pas encore entièrement effacées. Notre population présente, il est vrai, quatre classes : les lettrés, les agriculteurs, les ouvriers et les marchands. Mais aucune barrière élevée par les lois ou — chose pire — par les mœurs, n'établit entre ces classes une limite infranchissable. Sans doute, le lettré qui a fait des études spéciales, ne se fera ni ouvrier, ni laboureur, ni marchand : il cherchera, tout naturellement, à utiliser dans une autre occupation les connaissances acquises.

Mais il ne faut pas oublier que le fils du paysan, de l'artisan ou du commerçant peut devenir lettré : pas de caste fermée ; l'enfant dont le père cultive sa rizière dans quelque province éloignée, vient passer à Pékin ses derniers examens. S'il en sort vainqueur, il est, par cela même, un des premiers de la classe des lettrés et les plus hautes dignités l'attendent.

Par suite, personne, en Chine, ne regarde et n'a jamais regardé le commerçant ou l'artisan comme appartenant à une classe inférieure, ou comme se livrant à une occupation moins honorable que celle des soldats, des prêtres, des fonctionnaires, des gouvernants de l'État. Jamais un Chinois n'aurait cru déroger par un travail quelconque. Aussi, ne trouvera-t-on pas, dans notre histoire, des décrets, comme ceux que rendait tout récemment encore Louis XIV; — je dis tout récemment, car deux siècles, c'est à peine hier, pour un Chinois, dont le pays compte près de quatre mille ans de civilisation, — des décrets par lesquels le roi déclarait que les nobles, par exception, ne dérogeraient pas en se livrant à tel commerce, à telle industrie. Chez nous, tout au contraire, le travail sous quelque forme qu'il se présentât, était honoré de tous.

Ennemis de la guerre et des dogmes, nation essentiellement laborieuse, nous avions donc moins besoin que l'Europe dans les temps modernes, de ces encouragements venus d'en haut. L'expérience accumulée de nombreuses

générations, que nulle taquinerie gouvernementale n'avait gênées dans leur expansion;
que le mépris d'une classe supérieure n'avait
jamais effleurées, et qui, grâce à cet heureux
état de choses, pouvaient se développer en
toute liberté; cette expérience a été la seule
école de nos commerçants, et c'est la famille
qui s'est chargée de la créer, de la développer
et de la transmettre à ses enfants.

C'est cette absence de toute intervention
gouvernementale qui me permettait de vous
dire, en commençant, que l'organisation de
l'éducation commerciale n'existe pas en Chine.
Ce qui ne voulait pas dire que l'éducation
spéciale indispensable fît défaut à nos négociants, mais qu'il y a une différence énorme
entre l'instruction, telle qu'elle fonctionne en
Europe, et l'éducation, telle qu'elle est donnée
en Chine.

Ce qui nous caractérise, c'est le côté exclusivement pratique de notre méthode. La
théorie, qui joue un si grand rôle dans vos
écoles, nous manque et, je le répète, j'espère
qu'elle ne nous manquera pas longtemps.

Mais l'enseignement pratique est donné avec une perfection qui, jusqu'ici, a su répondre à tous nos besoins.

Pénétrons maintenant dans la boutique d'un négociant Chinois d'importance moyenne et voyons comment le fils va être initié au commerce du père, auquel un jour il succédera tout naturellement; non parce que les professions sont héréditaires, comme elles l'étaient jadis en Egypte, mais parce que le milieu, l'habitude constante portent en général l'enfant à faire ce que son père faisait. C'est là le cas général, en Chine comme partout ailleurs; et il est bon qu'il en soit ainsi : qu'un des fils, au moins, suive la carrière paternelle. Car, c'est de cette façon que se conserve la tradition, partout nécessaire, et indispensable chez nous, puisque l'enseignement public du commerce n'existe pas et que l'éducation commerciale est entièrement traditionnelle.

Le jeune garçon qui ne se destine pas aux lettres, suit les cours des écoles jusqu'à l'âge de quatorze ans. Il y apprend à lire, à écrire, à calculer. Il est familiarisé avec l'histoire de son pays et s'assimile les livres de nos poëtes et surtout de nos philosophes.

Ces derniers lui fournissent un cours de morale très élevée, lui prêchent, non seulement l'honnêteté, mais encore la délicatesse la plus scrupuleuse. Ils lui donnent, en même temps, une haute idée de la dignité humaine et lui font comprendre que le bonheur n'est pas dans une ambition exagérée, mais dans la satisfaction de soi-même. Ils lui proposent, comme idéal, la vie confortable, mais simple; laborieuse, mais contente de peu : en un mot, la médiocrité dorée dont parle un poëte latin; médiocrité qui ne flattera pas la vanité de l'écolier, mais qui, en revanche, le préservera des déceptions, du surmenage, des catastrophes enfin qui, trop souvent, jettent bas celui qui veut monter trop haut.

Chaque jour en rentrant chez ses parents, l'enfant a sous les yeux la preuve vivante de l'excellence de ces théories. Dans la maison paternelle, que voit-il? Un homme laborieux, au travail dès l'aube, pour ne quitter sa besogne que lorsque la nuit est déjà avancée. Tout cela pour se contenter de bénéfices minimes, de ce qui lui suffit pour vivre, faire honneur à ses engagements et augmenter d'une faible somme le capital qu'il possède.

À ce contact, le jeune garçon prendra, dans l'immense majorité des cas, des habitudes analogues. Il apprendra d'abord que, dans le commerce surtout, c'est la probité qui fait le succès.

Et, ici, je m'interromps, pour vous signaler un caractère tout particulier du commerce chinois. Nos commerçants font leurs affaires sur parole : les écrits, avec eux, sont inutiles ; les traités sont avantageusement remplacés par l'engagement verbal ; et c'est de cette manière que se concluent et se terminent les opérations les plus modestes et les transactions les plus colossales. J'aurai à revenir sur cette question, qui est d'une importance extrême pour le sujet que je traite aujourd'hui.

L'enfant sait déjà que le bonheur est dans les situations modestes et que l'honnêteté est l'âme du commerce. Il verra bientôt — et le père ne manquera pas d'éveiller son attention sur ce point — que le marchand ne doit pas se proposer pour but de faire de gros bénéfices sur un article donné ; qu'il doit viser avant tout la vente, et que rien ne facilite la vente comme le prix peu élevé des marchandises : vendre bon marché et vendre beaucoup, tel est le principe de nos commerçants, depuis des siècles ; et ce principe, à force d'avoir été mis en pratique par tous, est devenu une habitude nationale, qui n'a pas peu contribué aux succès de nos négociants.

Sans doute, le marchand discutera son affaire, tâchera — c'est là tout le commerce — de la rendre aussi avantageuse que possible. Mais ce n'est là qu'un point de vue secondaire : vendre, vendre beaucoup, et vendre à tout prix, pourvu qu'il reste un bénéfice quelque minime qu'il puisse être : tel est le mot d'ordre.

Je ne saurais oublier d'ajouter que si un faible bénéfice lui suffit, c'est que notre marchand, d'autre part, a su limiter ses besoins. La sobriété, en effet, est une qualité universellement reconnue de notre race et qui se retrouve dans toutes les classes de la société. Sobre, économe, ayant par conséquent beaucoup d'ordre dans ses affaires, le négociant chinois a le droit de se contenter de peu. Les mœurs nationales, exemptes de vanité, très patriarcales, ne lui imposent pas de dépenses excessives. Il attache peu d'importance à paraître, et la simplicité de sa vie est une des causes qui contribuent le plus fortement à faire prospérer ses affaires.

Ce que je vous ai dit, jusqu'à présent, se rapporte surtout à l'éducation morale du futur commerçant. Maintenant que j'ai exposé à peu près ce que j'avais à dire sur cet important facteur, je vais aborder un autre côté de la question, celui de l'enseignement technique.

Tout jeune, l'enfant apprend, sans effort, à se familiariser avec les matières qui font l'objet du commerce paternel. A mesure que sa jeune intelligence se fortifie, le père se charge de le mettre peu à peu au courant, de lui faire connaître les produits qu'il vend, leur origine, les producteurs, les différents modes d'expédition, l'emballage, enfin la clientèle de la maison : de lui faire apprendre ainsi, peu à peu, tout ce qui peut intéresser le commerce spécial auquel il se livrera un jour.

Dès que l'enfant sait suffisamment écrire, il aborde la tenue des livres. Tout jeune encore, aussitôt qu'il est familiarisé avec les opérations élémentaires de l'arithmétique, il est astreint à faire de nombreux exercices sur l'abaque ou machine à calculer. C'est une tablette plate munie de boules à l'aide de laquelle nous opérons tous les calculs que peut exiger le commerce.

Cette machine est universellement employée par les négociants chinois. Dans les maisons peu importantes, c'est le commerçant qui s'en sert lui-même pour ses calculs. Dans les entreprises plus grandes, un comptable spécial le fait fonctionner et arrive parfois à une adresse singulière. Ainsi, il n'est pas rare de lui voir faire la même opération des deux mains à la fois, sur deux tablettes différentes qui doivent fournir le même résultat. Quelques-uns même, comme cet écrivain que j'ai vu mouler de superbes lettres sur les places publiques de Paris avec un porte-plume placé entre les orteils, font mouvoir deux autres tablettes à l'aide de leurs pieds, ce qui est un véritable tour de force.

La machine à calculer, outre qu'elle habitue l'enfant aux opérations, exerce et affine singulièrement son esprit. Vous savez tous qu'il existe d'ingénieuses méthodes pour abréger les calculs, pour simplifier à l'extrême ceux qui se présentent d'abord sous une forme en apparence très compliquée.

L'abaque permet de recourir à des systèmes un peu différents des vôtres, mais d'ordre analogue. Il a, de plus, l'avantage de présenter aux yeux autre chose que des chiffres abstraits : il intéresse la vue ; il constitue presque un jouet, à la fois sérieux et amusant. Vous jugez combien l'enfant apprend plus facilement, avec cet instrument attrayant. Je sais du reste que vos pédagogues, de leur côté, ont compris quelles ressources il y avait dans ces méthodes qui appellent la vue au secours du raisonnement. Vos écoles ont préconisé et fait adopter, depuis une vingtaine d'années, de nombreuses machines de ce genre. C'est ce qu'on appelle la méthode intuitive, qui, d'après tout ce que j'ai entendu dire, a fourni et continue à fournir d'excellents résultats. Vous me permettrez bien de vous déclarer, non sans une certaine fierté pour nos compatriotes, que l'usage de la machine à calculer remonte, en Chine, au règne de l'empereur Fou-Hi, c'est-à-dire à l'an 2852 avant l'ère chrétienne.

Lorsque l'enfant est arrivé à l'âge de quatorze ans, il quitte l'école pour rentrer définitivement dans la maison du père, et commencer la carrière à laquelle il devra consacrer sa vie.

Il est déjà suffisamment préparé : aussi est-ce sans peine et sans ennui qu'il suivra désormais, d'une manière régulière, des occupations auxquelles il se savait destiné, et pour lesquelles il a du goût, parce qu'il les a toujours connues.

Le voilà installé au magasin, mettant la main à la pâte — pour me servir d'une expression très caractéristique — perfectionnant chaque jour ses connaissances sous l'œil vigilant du père qui lui fait sa place, lui donne sa tâche, lui impose des responsabilités de plus en plus grandes, l'initie, en un mot, à tous les détails, à toutes les finesses du métier.

A seize ou dix-sept ans, l'on peut dire que l'apprentissage est achevé, que le jeune homme a conquis ses grades. L'âge est venu, où celui qui n'est encore regardé que comme un adolescent en Europe, devra entrer dans la vie sérieuse. Les parents cherchent à lui donner une compagne. Car, vous le savez, on se marie de très bonne heure en Chine; et cette précocité du mariage contribue, et pour beaucoup, à développer chez le jeune commerçant les habitudes sérieuses dont il a besoin. La vie régulière, avec ses charges et ses responsabilités, bientôt augmentées par la survenance des enfants, est le complément des études faites jusqu'alors. Attaché au foyer par le lien le plus étroit de tous, le jeune homme n'en sera que plus appliqué à donner tout le temps requis aux affaires, dont les distractions du dehors ne le détourneront pas.

Le voilà entré, à son tour, dans la carrière que son père a parcourue avant lui et pour laquelle, bientôt, lui aussi élèvera ses enfants.

Pour vous donner une idée de notre éducation commerciale, j'ai pris l'enfant tout jeune et je vous ai fait suivre pas à pas le chemin qu'il doit parcourir, jusqu'au moment où il deviendra le chef de la maison. Vous avez vu que cette éducation est fort simple : le tableau que je vous ai dépeint n'abonde pas en détails curieux ; c'est la conséquence inévitable de la simplicité même de cette existence.

Maintenant, je vais, si vous voulez bien me le permettre, vous exposer quelques-uns des résultats de l'éducation commerciale, telle que nous l'entendons.

Vous savez tous que, depuis le jour où la Chine est entrée en communication régulière avec le reste du monde, une partie de notre population a débordé nos frontières. Le colon chinois, persévérant, tenace, laborieux, économe, a partout gagné du terrain sur ses concurrents.

Nos commerçants ont fait de même. Dans

les pays qui bornent nos frontières, aussi bien que dans les îles qui bordent le sud-est de l'Asie, ils ont peu à peu centralisé entre leurs mains la presque totalité du commerce.

Ces victoires, j'en attribue exclusivement l'honneur à l'éducation morale tout à fait supérieure que reçoivent nos commerçants et qui, seule, leur permet de soutenir leur rôle, alors qu'ils n'ont pas eu l'avantage de suivre, comme leurs confrères d'Europe, de véritables cours de philosophie commerciale.

Mais je sens que cette dernière partie de ma tâche n'est pas la plus facile. Vous pourriez être tentés de me dire, comme on l'a déjà fait en d'autres circonstances, que j'ai un intérêt patriotique évident à vous montrer les choses de Chine sous un jour tout à fait favorable ; que, sans aucun doute, l'amour-propre national m'entraîne à vous représenter sous des couleurs infiniment trop flatteuses, et notre éducation commerciale, et le caractère de nos commerçants.

L'expérience m'a appris à me prémunir contre ce reproche, à prendre d'avance les mesures nécessaires, pour l'empêcher même de naître dans votre esprit. Je vais donc faire comparaître devant vous des témoins, dont il vous sera impossible de mettre en doute l'impartialité : ils vous prouveront à l'évidence que tout ce que je vous ai dit est encore au-dessous de la vérité.

Voici d'abord quelques lignes extraites d'un article publié dans la *Revue Blanche* par M. E. Cordonnier, qui connaît notre monde oriental, pour avoir résidé dans la Cochinchine et au Tonkin, en qualité de fonctionnaire du gouvernement français.

Après avoir montré les commerçants chinois « sobres et laborieux, pleins d'une activité qui peut s'exercer très diversement, » l'auteur nous dit : « En Cochinchine, tout le petit et presque tout le grand commerce sont entre leurs mains. » Il attire l'attention sur ce qu'il appelle « l'admirable esprit de charité et de dévouement » qui fait la force des associations chinoises. Il montre les négociants français de Saïgon faisant exécuter tous leurs marchés par les acheteurs chinois et il ajoute ceci, page 3 :

« Tandis que l'Européen a pris pour maxime de vendre cher pour faire un lucre, même en vendant peu, le Chinois suit le vrai principe commercial, qui consiste à vendre bon marché, pour vendre beaucoup... » Puis votre compatriote poursuit :

« En même temps qu'ils apportent dans les transactions commerciales un esprit de scrupuleuse honnêteté, qui les fait préférer aux Européens et aux Annamites, les Chinois se montrent très larges et très conciliants dans les opérations. Lorsque j'étais à Hanoï, j'avais chargé un entrepreneur chinois nommé A. Hon, de me construire une maison. J'avais arrêté avec lui, par écrit, les conditions de la construction et le prix à forfait, dont je lui avais remis à l'avance la moitié. Sur ces entrefaites, et les travaux à peine commencés, je reçus la nouvelle de ma nomination en Cochinchine et l'ordre de quitter le Tonkin. Cette circonstance n'avait pas été prévue dans le contrat : mais A. Hon me déclara spontanément qu'en raison de ce départ qui m'était imposé, la convention ne pouvait être maintenue, et il me remboursa intégralement l'argent versé. »

L'on pourrait ajouter ici, qu'un fait isolé ne saurait faire preuve, que d'ailleurs, un moine ne fait pas le couvent et qu'il faudrait autre chose que ce témoignage isolé, pour assurer vos convictions. Eh bien, ces témoignages nombreux que vous pourriez désirer, je vous les apporte et je n'ai qu'un regret : c'est que ma modestie va être mise à l'épreuve, par ce fait que je vais être obligé de vous dire trop de bien de mes compatriotes.

Vous vous rappelez tous le mouvement anti-chinois qui, il y a quelques années, éclata en Amérique. La protestation contre la présence de mes concitoyens revêtit, dès les premiers jours, une forme agressive, violente à l'extrême. Il n'était pas de crime, pas de monstruosité, dont les meneurs de cette campagne n'accusassent les ouvriers et les commerçants chinois immigrés.

On fit une enquête : j'ai dépouillé pour vous le gros volume officiel qui renferme les résultats de cette investigation, faite spécialement en Californie, dans la Colombie anglaise et aux îles Hawaï. Eh bien, l'enquête tant demandée tourna à la confusion et à la déroute totale des anti-chinois, comme vous allez le voir.

Les accusateurs avaient prétendu que les ouvriers et commerçants chinois avaient ruiné le pays; qu'ils étaient paresseux, ignorants, sales, malades, malhonnêtes. Un joli petit portrait, n'est-ce pas? Mais voici comment répond l'enquête.

Je cite textuellement :

« Il est clair que la Californie doit à la main-d'œuvre chinoise :

« Les communications par voies ferrées avec les Etats de l'Est.

« La prompte mise en culture de grandes étendues de terrain ;

« Sinon l'existence, du moins le développement actuel de la culture des fruits et de la vigne ;

« La création de polders inépuisables par le dessèchement de vastes étendues de marécages. Ces marécages ne pouvaient être desséchés que par les Chinois, travaillant dans l'eau jusqu'à la ceinture, la tête environnée de nuées de moustiques ;

« Le progrès rapide de ses manufactures ;

« L'augmentation du commerce avec l'Asie. »

Puis l'enquête nous montre les ouvriers chinois « très dignes de confiance, très intelligents, fidèles à leurs engagements, tempérants, actifs, honnêtes, sachant tous lire et écrire, sobres, jouissant d'une bonne santé par la raison qu'ils sont propres et prennent un bain tous les soirs. » De plus « les Chinois ne requièrent aucune assistance de la part des blancs. Ils ne leur demandent rien pour leurs pauvres. Ils ne sont pas à la charge de notre population. Ils ne sont pas les seuls sous ce rapport : il en est de même des Juifs. »

Voilà, messieurs, comment la commission d'enquête a fait justice de calomnies propagées par quelques meneurs et acceptées comme des vérités indiscutables par la grande majorité de la population.

Si des ouvriers chinois nous passons aux négociants, la note laudative est encore plus forte. Je cite de nouveau les expressions mêmes fournies par le rapport de la commission d'enquête.

« Les hautes classes chinoises sont remarquables par leur probité et leur ponctualité dans leurs affaires commerciales, et les transactions de leurs maisons de commerce sont conduites avec la plus stricte intégrité et avec honorabilité.

« Le marchand chinois est un homme habile en affaires et un bon juge ; il fait un marché serré. Quant à leur honnêteté, la parole d'un marchand chinois est généralement aussi bonne que sa signature. »

Ceci est déjà bien. Mais voici autre chose.

« Des habitudes industrieuses, de l'économie, de la sobriété et du respect pour les lois, voilà ce qui constitue les quatre qualités les plus remarquables des Chinois, de l'aveu même et de leurs amis et de leurs adversaires. Paresseux, ivrogne, extravagant et turbulent : voilà justement ce qu'un Chinois n'est pas. C'est ce qui, de fait, est la cause de leur impopularité. Leur travail constant et incessant ne peut être comparé qu'à celui de la fourmi. Je ne puis me rappeler avoir vu ou entendu dire qu'un Chinois se soit enivré. »

C'est le juge en chef de la Colombie Anglaise, sir Mathew Begbie, qui rend cet hommage à mes compatriotes... aux dépens des siens. Un autre témoin, le Dr E. Stevenson ajoute : « Il serait surprenant que la nation chinoise, sobre et laborieuse, ne fût pas supérieure en morale à un peuple chez qui on remarque tant d'individus indolents et intempérants. Et après une expérience d'un quart de siècle, j'affirme avec calme et d'une manière délibérée qu'il en est ainsi. »

D'autres témoignages se prononcent ainsi qu'il suit :

« Dans le commerce considérable du thé, et dans les autres transactions commerciales, nos marchands doivent avoir une confiance illimitée dans les agents courtiers. Un agent chinois est envoyé dans l'intérieur, avec 250.000, 300.000 ou 500.000 dollars à la fois pour faire des achats de thé, sans autre garantie que son honnêteté et son intégrité. »

« Des négociants qui ont fait des affaires pour un montant considérable avec les Chinois, m'ont informé que les marchés écrits sont inutiles avec eux ; que leur parole est une garantie suffisante de leur accomplissement, et que, pendant plusieurs années, pas un centime n'a été perdu par suite de leur mauvaise foi, bien qu'ils eussent fait des affaires pour des millions de piastres avec eux. »

« Si l'on considère la qualité des immigrants ici, les Chinois sont bien supérieurs sous le rapport de la moralité et de la bonne conduite. Je pense, ajoute le témoin, ancien juge assesseur à la Cour suprême, qu'ils sont plus fidèles, plus sûrs, plus intelligents que les blancs de même classe. Les négociants sont tenus en haute estime. »

M. Gibbs, employé au règlement des pertes maritimes à San-Francisco, dépose ainsi qu'il suit :

« Comme hommes d'affaires, j'estime les marchands chinois absolument à l'égal des nôtres ; et pour l'intégrité, je n'ai jamais vu un corps d'hommes plus honorables, d'esprit plus élevé, plus exacts et plus sincères que les marchands chinois de la Cité. Je n'ai jamais vu un seul cas, où les Chinois aient tenté de faire passer leurs marchandises à la douane au-dessous de leur valeur, ou qu'ils aient présenté des réclamations fictives dans le règlement de leurs affaires. Dans l'ensemble, les marchands chinois sont plus honorables, je pense, que ceux de toute autre origine, plus même que les nôtres. Je crois qu'ils sont les meilleurs mathématiciens que j'aie encore vus. Je n'ai jamais eu un procès avec eux, pas même une plainte de leur part. »

« J'ai eu beaucoup d'affaires avec les Chinois et les marchands de cette nation, dit le gérant de la banque des marchands, je les ai trouvés sincères, honorables et parfaitement loyaux dans leurs engagements. J'ai fait des affaires avec eux, je crois, pour un montant de plusieurs millions de piastres. Je n'en ai jamais vu un seul qui n'ait pas tenu ses engagements. Ils ne m'ont jamais fait perdre une piastre. Je ne puis en dire autant de la race blanche. »

Un autre témoin fournit ce trait plaisant :

« Je n'ai jamais vu qu'un Chinois ivre depuis que je réside en Californie (depuis 1850) je crois que celui-là commençait à s'américaniser ! »

M. Macoudray, marchand à San-Francisco, après avoir déclaré que pendant vingt-six ans il n'a pas perdu une piastre avec les marchands chinois, ajoute : « Les contrats passés avec les Chinois, sont généralement des conventions verbales. »

Je suis bien obligé de m'arrêter enfin : il faudrait tout citer, et raisonnablement je ne saurais vous infliger la lecture des huit cents pages que produisit l'enquête.

Mais, me direz-vous peut-être, n'y a-t-il pas quelque ombre à ce tableau, et, après avoir dit tant de bien des Chinois et de leur commerce, le rapport de la commission n'en dit-il pas de mal ?

Il y a quelques ombres, en effet, vous allez pouvoir en juger. Le résumé du rapport est entièrement et en tous points favorable à nos ouvriers et à nos commerçants. En revanche quelques témoins font à mes compatriotes deux reproches.

Le premier, c'est celui de ne pas vouloir adopter la religion chrétienne et de regarder la morale de Confucius comme supérieure à celle de l'Evangile. Bien plus, ajoute un des témoins, « notre religion, disent les Chinois, est la plus grande folie de la terre. » Et un autre : « Les Chinois n'ont jamais manqué une occasion de dénoncer la croix comme étant un mensonge et tous ceux qui la vénèrent, comme étant des imbéciles. »

Messieurs, je ne suis, d'aucune manière, partisan de cette méthode de discussion qui consiste à injurier ceux qui ne pensent pas comme nous. Mais, dans ce cas particulier, qui donc a commencé ? Les tentatives le conversion faites sans cesse par les missionnaires, ont quelquefois mis la patience de mes compatriotes à une rude épreuve. Eux qui n'ont jamais cherché à convertir personne, s'entendaient dire chaque jour qu'ils iraient en enfer; qu'ils avaient beau pratiquer toutes les vertus; qu'ils subiraient, eux si probes, si laborieux, si patients, le supplice éternel réservé aux pires scélérats, parce qu'ils ne voulaient pas adopter la religion qu'on leur offrait.

Mes compatriotes finirent par s'impatienter et déclarèrent que le raisonnement de ceux qui les persécutaient de leur prosélytisme ne leur paraissait pas très intelligent. A qui la faute?

L'indignation des Chinois fut d'autant plus vive, que l'intolérance religieuse est inconnue en Chine. Bouddhistes, taoïstes et sectateurs de Confucius vivent paisiblement chez nous, les uns à côté des autres. De même les musulmans pratiquent leur culte comme ils l'entendent.

Les Juifs, je l'ai déjà écrit, forment dans mon pays une communauté, aussi respectée qu'aucune autre et les antisémites seraient aussi mal accueillis par la Chine que les anti-Chinois américains l'ont été par leur propre commission d'enquête. Les chrétiens sont libres de se livrer à leur religion, à cette seule condition de ne pas vouloir se soustraire aux lois générales de l'empire. En un mot, le fanatisme est incompatible avec l'esprit de notre race. C'est peut-être un sens qui nous manque, mais avouez que nous avons lieu ue nous en féliciter.

Le second reproche qu'un témoin nous adresse est peut-être plus singulier encore. Le déposant commence par déclarer hautement que la morale du peuple chinois est supérieure, et conclut que, la nation chinoise étant sobre et laborieuse... « il faut protéger l'intempérance des blancs contre la tempérance orientale. » Nous avons trop de vertus pour qu'on puisse nous tolérer. Voilà ce que vous verrez, page 105 de l'enquête et en quelques autres passages. Singuliers témoins, qui voudraient relever bien vite la muraille de Chine imprudemment démolie et renfermer, à l'intérieur de cette fortification protectrice, la mariée qu'ils trouvent trop belle ; qui nous reprochent jusqu'à la solidarité de nos associations commerciales, solidarité qui nous permis de porter partout secours à nos compatriotes peu fortunés, et de ne point les laisser à la charge des nations étrangères.

Ces associations — je ne veux pas terminer

sans vous en dire un mot — sont plus généralement connues en Europe sous le nom bizarre de « congrégation », nom qu'on leur a donné, je ne sais trop pourquoi. Elles offrent de certains points de ressemblance avec les syndicats modernes, ou plutôt avec les corporations des marchands du moyen âge.

Dans chaque ville, les marchands de chaque spécialité se constituent en sociétés, librement, sans que le gouvernement intervienne d'une manière quelconque. Ils achètent un terrain et construisent un temple, dans lequel ils tiennent leurs assemblées. L'association est administrée par un directeur élu, qui centralise les renseignements de toute nature et les transmet par des circulaires aux intéressés.

La liberté dont jouissent ces sociétés est la conséquence du principe de liberté qui gouverne tout notre commerce et qui a largement contribué à la prospérité de nos négociants. En Chine est commerçant qui veut : le gouvernement ne gêne en rien l'expansion de l'activité individuelle. Pas d'autorisation! Pas de patente! Pas d'octrois! Comprenez-vous bien quelle franchise d'allures une pareille législation commerciale imprime aux affaires, et combien elle est favorable à l'essor du peuple?

Habitué à ne compter que sur lui-même, le commerçant chinois ne demande rien au gouvernement, si ce n'est le droit commun. De protection, il n'en veut point et il serait bien étonné et quelque peu humilié, si l'on venait lui parler de le protéger. Il considérerait cette proposition comme une moquerie et ne comprendrait même pas. Est-ce que l'homme n'est pas assez grand garçon, répondrait-il, pour se protéger tout seul, pour vendre et acheter au mieux de ses intérêts?

« Aide-toi, le ciel t'aidera », dit l'Américain, « Aide-toi » dit simplement le Chinois.

C'est armé de cette devise, qu'il a abordé les luttes pacifiques du travail et du commerce avec ses concurrents. Dans cette bataille de la vie, il peut se vanter hautement d'avoir toujours employé des armes courtoises. La probité, les prétentions les plus modestes, le labeur le plus infatigable, la sobriété, la déli-

catesse extrême jointe à la connaissance parfaite des affaires; voilà les seules munitions
dont il ait fait usage.

On lui en a fait un reproche ! Dans les pays
incultes, il a construit d'immenses chemins de
fer, fertilisé des territoires, jusqu'alors inabor-
dables pour l'homme de la race blanche, et
accru à un tel point le capital des pays où il
immigrait, que le rapport de l'enquête précé-
demment citée établit ceci : que la Californie
« doit aux Chinois un accroissement de richesses de 289.700.000 dollars », soit environ un
milliard et demi de francs.

Et il a pu se produire, dans ce même pays,
une agitation tendant à expulser ces créateurs
de la fortune publique ! N'est-ce pas le cas de
dire, avec un de vos profonds penseurs, que
les hommes ne vous pardonnent jamais le bien
que vous leur avez fait ?

La vérité, cependant, finit tôt ou tard par reprendre ses droits. Justice a été vite rendue à
mes compatriotes et le procès de tendance
qu'on leur faisait a abouti à la condamnation
de leurs détracteurs.

C'est ainsi que, peu à peu, se dissipent ces malentendus, créés par la malveillance entre les races et les nations. Le monde éclairé par la puissante civilisation du XIXe siècle, voit se développer de plus en plus les tendances à la paix et à l'amitié entre les nations les plus diverses.

C'est là un heureux présage pour le bonheur des générations futures. Nous voyons que, malgré la résistance des préjugés, les inimitiés s'apaisent ; que les différences si accentuées autrefois s'atténuent de plus en plus, pour disparaître, enfin, bientôt peut-être, dans la réconciliation définitive.

Telle est, du moins, ma ferme conviction, que j'ai exprimée maintes fois déjà. Le temps n'a fait qu'ajouter dans mon esprit, à cette espérance humanitaire, et je suis certain que tous, vous vous joindrez à moi, pour appeler de tous nos vœux, l'avènement de l'heureuse époque où l'antique Asie, la jeune Europe et la plus jeune Amérique s'élanceront, la main dans la main, vers un avenir de fraternité universelle.

LES JUIFS EN CHINE

Si l'auteur des *Voyages de Gulliver* était né et avait vécu en Chine, il n'eût, certes, jamais écrit, ni même songé à écrire la guerre des gros-boutiens et des petits-boutiens ; de deux peuples qui ne cessent de se combattre, parce que l'un soutient qu'il faut ouvrir les œufs par le petit bout, l'autre prétendant, au contraire, qu'il est essentiel de les casser par le gros bout.

Le lettré eût certainement été privé de quelques pages, non seulement délicieuses par l'esprit qui y étincelle à chaque ligne, mais remarquables encore par la grande leçon d'histoire qu'elles renferment, par la douce philosophie tolérante qui les distingue.

Mais, de deux maux, il faut choisir le moindre.

J'avoue que j'eusse été enchanté, pour ma

part, si l'Europe n'avait jamais fourni à Swift l'occasion de retracer cette satire trop vraie.

Je l'ai déjà dit et ne me lasserai pas de le redire. Si l'Europe nous a dépassés dans le domaine des arts et des sciences, nous avons, nous aussi, une supériorité incontestable et dont nous avons droit de nous montrer très fiers.

Nous n'avons jamais connu ni le fanatisme religieux ni les guerres religieuses, et nous ne concevons même pas que ces choses aient pu exister, tant elles sont en désaccord avec notre morale, nos idées, notre éducation. La métaphysique ne nous a jamais passionnés et ne nous passionnera jamais. Et si, parfois, nous avons subi les calamités des guerres intestines, du moins ces conflits n'ont-ils pas eu pour cause des croyances qui échappent à tout contrôle humain.

Etablir que les querelles religieuses sont absentes de l'Empire du milieu, c'est dire que l'antisémitisme n'existe pas chez nous. La question n'est même pas posée et ne saurait l'être. Je vais dire pourquoi.

Dans notre Chine patriarcale, le souverain est aussi le chef religieux de ses peuples. Cela ne veut pas dire qu'il doive ou veuille imposer à un quelconque de ses sujets une religion particulière. Loin de là ! L'empereur réunit en lui les diverses croyances du pays, comme il en unit les races multiples.

C'est ainsi que nous voyons les trois religions de Confucius, de Lao-tse et de Bouddha vivre en paix les unes à côté des autres, sans qu'aucune cherche à empiéter sur le terrain de ses voisines. C'est ainsi, encore, que musulmans et juifs pratiquent, en toute liberté, leur culte.

Si la Chine a montré, à un moment donné, une certaine hostilité aux cultes chrétiens, il n'y avait là aucun parti pris religieux. Le motif était purement politique. En effet, les Chinois convertis au christianisme prétendaient échapper aux lois de leur pays et n'être justiciables que de juridictions européennes. Chacun comprendra que cette théorie était en contradiction avec les principes mêmes de notre unité politique, et que ce n'est pas par zèle religieux que nous la combattîmes.

Les juifs s'établirent en Chine vers la fin du deuxième siècle avant l'ère chrétienne, sous la dynastie des Han. Ils nous apprirent qu'ils avaient été chassés de leur patrie par des étrangers qui, après l'avoir conquise, leur avaient infligé toutes sortes de mauvais traitements, pour les obliger à abandonner leurs croyances.

Ils nous expliquèrent qu'ils avaient, comme nous, des livres sacrés; que le législateur qui leur avait donné ces livres leur commandait de pratiquer toutes les vertus et de haïr tous les vices; qu'il leur était expressément ordonné par ces livres d'honorer leurs parents, d'aimer leur prochain comme eux-mêmes, et absolument interdit de commettre des actions malhonnêtes quelconques; qu'il leur était même prescrit de porter secours à leur ennemi devenu malheureux; qu'enfin, lorsqu'ils étaient dans leur pays, la loi les obligeait à prélever une certaine partie de leurs récoltes, exclusivement destinée aux veuves, aux orphelins et aux étrangers.

L'on trouva que toute cette morale se rapprochait beaucoup de celle qu'enseigne la religion de nos lettrés, celle de Confucius.

Les juifs ajoutèrent qu'ils ne croyaient qu'à un seul Dieu et que le culte des images n'existait pas plus chez eux que chez les disciples de notre grand philosophe.

Ils dirent encore que leur législateur leur avait prescrit de ne manger que de certains animaux, dont la chair était regardée comme plus saine que celle des autres ; que des règlements rigoureux établissaient la manière de tuer ces bêtes, en les faisant souffrir le moins possible ; que d'autres leur enseignaient le moyen de reconnaitre les animaux malades, dont ils ne devaient pas manger ; qu'enfin, des prescriptions multiples réglaient toutes les mesures à prendre pour la propreté des habitations et la santé des habitants.

Tout cela parut très bon et très logique ; si bien que nos ancêtres s'empressèrent d'accorder, sans aucune autre observation, le droit de cité aux juifs.

Aussi, depuis deux mille ans vivent-ils paisiblement dans la belle province de Ho-Nan, notamment dans les environs de Kaï-Fong-Fou.

Nous n'avons jamais eu à nous plaindre d'eux, parce que nous ne leur avons jamais fait de mal. Nous ne les avons point cantonnés dans des ghettos : aussi ne sont-ils pas étrangers au reste de la population. Ils s'en distinguent par l'observation de certaines règles d'hygiène et par la célébration de certaines fêtes, qui leur rappellent la conquête de leur indépendance nationale et la promulgation de leurs lois morales : cela ne nous gêne en rien.

Nous n'avons pas cherché à leur faire abandonner de gré ou de force, leurs croyances héréditaires ; aussi n'ont-ils jamais eu lieu d'avoir mauvaise opinion de nous ni de se plaindre de violences de notre part.

Jamais la Chine n'a songé à interdire aux juifs l'exercice de certains métiers ; encore moins, à faire des lois pour les forcer à vivre uniquement de la friperie ou de la banque ; aussi exercent-ils toutes les professions et sont-ils laboureurs, ouvriers, commerçants, médecins; ce qu'ils veulent, en un mot, comme tout autre Chinois. De plus, leurs livres sacrés les obligeant tous à savoir lire, ils sont en général très instruits, ce qui ne peut que plaire à nos lettrés.

Par suite, il n'est pas rare de voir des juifs passer nos examens les plus difficiles et exercer les fonctions administratives et politiques qui leur sont conférées. Et à ces concours, où chaque candidat doit fournir, avec son état-civil, le nom de ses ancêtres et des professeurs qui l'ont instruit, jamais l'on n'a demandé à personne quelle était sa religion; ce sont là choses qui ne regardent que la conscience de chacun.

D'autre part, nous n'avons jamais eu à en accuser un petit nombre de faire de trop grandes fortunes, d'accaparer, etc. J'ajoute que, si nous avions de pareils reproches à faire, nous ne les spécialiserions pas à des gens d'une race ou d'une religion données. Nous nous empresserions d'étendre le grief à tous ceux qui se trouvent dans le même cas. Car, dans notre conception nationale, les lois doivent toujours avoir un caractère général et s'appliquer à tous, sans distinction d'origine ou de croyance.

D'ailleurs, les juifs, en Chine, ne se trouvent pas dans ce cas, et cela pour deux raisons. La première, je l'ai déjà exposée : nous ne les avons point parqués dans le commerce d'argent. La seconde est celle-ci : la création des fortunes gigantesques est impossible en Chine, grâce aux sages réglementations de nos lois qui s'y opposent.

Notre gouvernement intervient, en effet, dans le commerce des denrées les plus importantes, pour maintenir toujours, dans tout le pays, une balance à peu près égale.

De plus, nous n'avons ni Bourse, ni titres, ni hausse, ni baisse, ni spéculation, ni marchés à terme, rien, en un mot, de ce qui peut causer ces variations subites de la fortune, qui jettent soudain le désordre dans tout un pays. Et si, par impossible, il se constituait des Sociétés ayant pour but de faire la hausse ou la baisse, le gouvernement serait là immédiatement pour les en empêcher.

Je sais que ce raisonnement ne plaira pas à

tous, qu'on verra dans cette intervention de l'Etat un attentat à la liberté.

Nous n'y trouvons, nous, qu'une réglementation réfléchie et fort sage de la liberté : et, nous rapportant à ce vieux dicton que « l'arbre se connaît par les fruits », nous approuvons la mesure, à la vue des bons résultats qu'elle produit.

C'est ainsi que nous sommes très heureux aussi de n'avoir pas encore, en Chine, de ces grands établissements industriels, de ces usines immenses, renfermant la population de toute une ville ; ateliers produisant des chefs-d'œuvre, mais, par contre, créant ces conflits entre employeurs et employés, entre patrons et ouvriers, que nous ignorons jusqu'à ce jour et que nous ne connaîtrons jamais, je l'espère.

Voilà, j'en suis sûr, des idées que traiteront encore de chinoiseries ceux qui s'étonnent de me voir mettre certaines de nos institutions au-dessus des organisations similaires de l'Occident. Je tiens beaucoup à ces chinoiseries-là, et mes 400 millions de compatriotes y tiennent, eux aussi, parce qu'ils s'en trouvent fort bien.

Prévoyant les maux possibles, nos ancêtres ont cherché d'avance à en prévenir l'éclosion. Ils ont fait de l'hygiène politique et économique : traitement souverain, dont l'homme ne peut se plaindre, puisqu'il évite jusqu'à la maladie.

L'Europe, au contraire, a trop souvent eu recours à la chirurgie sociale. Je crois que nous en serons éternellement préservés... à moins que nous ne nous civilisions trop.

En résumé, si l'on s'attache à l'examen impartial des faits, il n'est pas difficile de voir que l'antisémitisme actuel n'est qu'un dernier résultat des éternelles querelles religieuses du temps jadis. Il y a des antisémites en Europe, parce que l'Europe a eu des guerres de religion. Il n'y en a pas en Chine, parce que la Chine ignore le fanatisme religieux.

Le problème, complètement analysé et réduit à sa plus simple expression, n'est autre que le vieux problème de la liberté de conscience.

Cette question, qui a tant agité l'Europe, je

ne puis m'empêcher de faire remarquer avec quelle facilité nous l'avons résolue... en ne la posant pas. De sorte que, jetant un coup d'œil en arrière, sur les vingt derniers siècles de l'histoire humaine, je vois, d'un côté, l'Europe bataillant sans cesse et se déchirant en luttes intestines d'un caractère essentiellement métaphysique, et, d'autre part, notre Extrême-Orient antique, vivant dans la paix et la tranquillité, loin de discussions que rien ne peut résoudre et qui n'ont jamais causé que haines, guerres et désastres de toute sorte.

N'ai-je pas raison de soutenir que nous avons, nous aussi, quelques qualités; et ne puis-je dire, à juste titre, que — dans cette question des croyances et des droits de la conscience humaine — une bonne partie des habitants de l'Europe n'en est pas encore arrivée à concevoir... la liberté comme en Chine !

DE L'UTILISATION DES EAUX EN CHINE

Si j'étais un homme modeste, je reculerais, épouvanté, devant ce titre.

La tâche, en effet, est des plus considérable. L'eau, si je ne me trompe, figure pour les deux tiers dans la surface du globe. Les terres n'occupent qu'un tiers de notre planète, devenue déjà trop petite pour nos populations toujours croissantes.

Utiliser les eaux, c'est-à-dire les deux tiers uniquement peuplés, jusqu'à présent, de citoyens aquatiques, quel rêve pour la pauvre humanité !

Asservir à notre volonté ces ondes fugitives,

dont on ne sait que faire, voilà en effet le projet le plus grandiose qui se soit jamais présenté à l'esprit des ingénieurs même les plus audacieux.

Je sais bien que rien ne doit se perdre dans ce monde, et nous avons, nous, dans notre agriculture, pour premier principe de rendre à la terre ce que nous a fourni la terre.

Mais prendre à la mer ce que nous devrait donner la mer, voilà un problème qui paraîtrait bien plus difficile, si nos anciens, à force de patience, ne l'avaient résolu déjà, en partie, et si vos modernes n'avaient fait appel à toutes les ressources de la science, pour réaliser ce qui restait à faire.

Je vous parlerai tout à l'heure de ce qui a été accompli dans mon pays, où, depuis quatre mille ans, on a toujours cherché à utiliser les eaux et à en tirer le meilleur parti possible. C'est grâce à cette utilisation que nous avons toujours pu nous suffire et que, malgré la multiplication extraordinaire de nos enfants, nos champs ont fourni amplement de quoi les nourrir.

Un de nos proverbes dit : « Ayez toujours des enfants ; la Providence qui leur fit voir le jour, ne les laissera pas mourir de faim. » En effet, vous n'avez jamais vu mourir de faim un insecte créé, comme nous, par la nature ; pourquoi donc les hommes devraient-ils être frappés plus sévèrement que ces infiniment petits ?

Donc, chacun, en somme, devrait trouver la nourriture sur le sol qu'il habite ; car je pense que le Créateur, ayant plus d'ordre qu'un directeur de théâtre, ne donne jamais plus de billets qu'il n'y a de places. Mais c'est à nous de tirer profit des circonstances ; si la terre trop petite ne nous suffit pas, les eaux intelligemment assouplies à notre usage, fourniront un supplément à notre consommation.

Vous aussi, vous avez déjà fait beaucoup en ce sens : vous employez l'eau en chutes, pour remplacer les machines à vapeur ; en rivulets, pour arroser vos champs ; lorsque ses flots vous paraissent dangereux à franchir, vous contruisez des ponts d'une longeur inouïe et d'une hauteur gigantesque, pour passer dessus ;

des tunnels d'une architecture audacieuse pour passer dessous. Vous utilisez l'eau partout où elle vous paraît utilisable. Cependant votre aménagement présente peut-être quelques lacunes.

A mon humble avis, l'eau est faite pour être partout utilisée, et, en dépit du progrès des sciences, je trouve qu'en Occident on ne se conforme pas toujours à cette règle. Par exemple, à Paris, malgré canalisations et machines élévatrices, l'eau de source manque quelquefois. Alors, naturellement, on nous fait boire de l'eau de Seine : aussitôt, pétitions et protestations contre ce breuvage peu potable. Voilà des croisades que nous autres, Chinois, ne comprenons pas du tout. Cette eau n'est-elle donc pas faite, comme toutes les autres, pour être bue? L'eau de la Seine est-elle moins saine que celle des autres fleuves? Je ne crois pas. Car chez nous, où l'on ne fait pas usage des sources minérales, on est obligé de se contenter de la même eau qui arrose la ville. Et pourtant, le chiffre de mes concitoyens ne diminue pas, pour cela, par les maladies. Nous

avons remédié au mal par un moyen bien simple; nous nous plions aux circonstances : nous
faisons bouillir l'eau avant de la boire, l'usage
nous ayant appris que crue, elle était mal-
saine. C'est dire que nous appliquions la méthode antimicrobienne avant la constatation officielle de l'existence des microbes. Nous
avons donc su utiliser parfaitement, pour en
faire notre boisson ordinaire, le thé, l'eau des
fleuves qui, du reste, soit dit en passant, ne
coûte absolument rien aux habitants du Céleste-Empire.

Jusqu'à présent je n'ai parlé que de l'eau en
général. Mais, au point de vue de sa grande
utilité, du rôle spécial qu'elle joue dans l'agriculture, nous avons fait des efforts énormes,
depuis l'antiquité la plus reculée. Je vais vous
montrer, documents en main, comment nos
ancêtres, il y a quarante siècles, après avoir
été éprouvés par notre grand déluge à nous,
savaient déjà se soumettre les eaux. Vous verrez alors que, malgré les multiples inventions
modernes qui facilitent le travail et la main-
d'œuvre, nous avons résolu le problème le

plus difficile, et rien ne peut encore, jusqu'à ce jour, surpasser ce qui a été créé chez nous par des moyens très primitifs : c'est grâce à notre système d'arrosage que nos champs nous donnent trois récoltes par an, sans demander jamais un repos dans l'intervalle. Notre terre, largement arrosée, est comme une paysanne, ignorante des raffinements et des fatigues de la femme du monde, et qui ne se lasse jamais de produire, suivant l'ordonnance de la nature, et de se préparer à mettre au monde un nouvel enfant, dès que le dernier vient au jour.

Si je vous donne ces quelques comparaisons un peu vagues, je pense qu'elles ont aussi leur utilité : cela, surtout au point de vue des idées chinoises. Nous croyons, en effet, que le ciel est masculin et la terre féminine ; que l'un agit et l'autre produit ; que toute fécondité est le résultat de l'union intime de ces deux éléments constitutifs de notre univers. C'est cette idée fondamentale de notre philosophie agricole et hydraulique que je tenais à vous faire connaître d'abord. Et elle se résume en cette simple phrase : savoir utiliser les eaux.

On sait que la canalisation date, en Chine, de l'époque fabuleuse. Opérée avant la création des lettres et de la littérature, nous ne savons plus quelle méthode on y employa. En 2300 avant l'ère chrétienne, disent nos récits, sous le règne de l'empereur Yao, la Chine fut envahie par un grand déluge, qui s'étendit sur tout le territoire de l'Empire. Je ne sais pas si c'est le même que le vôtre : je laisse aux spécialistes le soin de discuter cette question très controversée. Dans tous les cas, il ne fut pas moins terrible, puisqu'il dura pendant neuf ans, durant lesquels l'Empire Céleste devint un empire sous-marin. Les quelques rares Chinois qui purent survivre à ce fléau, vécurent dans le voisinage des poissons et des tortues.

Ce désastre ne fut enrayé que grâce à l'empereur Yu, notre Noé à nous. Il employa sept ans à subdiviser la Chine en neuf régions, séparées les unes des autres par des cours d'eau artificiels, devenus frontières naturelles. Après l'abaissement des eaux, il fit examiner la qualité des terres de chacune des provinces et les produits qu'elles fournissaient. Il décréta également, pour unité de mesure agraire, le *méou*, surface d'environ 669 mètres carrés, ou carré de près de 26 mètres de côté, et d'après la fertilité des champs et leur situation topographique, fixa neuf classes d'impôts, mentionnés encore dans le Chou-King, au chapitre de Yu-Kung (impôts de Yu).

Cet état de choses se prolongea plus de douze siècles.

En 1100 av. J.-C., le premier ministre de l'empereur Wou-wang, Tchéou-Kung (duc de Tchéou) fit fabriquer des norias, machines hydrauliques dont le jeu est aussi simple que la composition, pour élever l'eau à une hauteur où elle ne pouvait monter auparavant ; il établit des réservoirs et des canaux d'irrigation : ceux-ci envoyaient l'eau des sources, au moyen de machines, jusque sur les sommets arides des montagnes ; ceux-là assuraient au pays sa provision d'eau pour les cas de sécheresse. L'état de l'agriculture était, par suite, tout à fait florissant. Tchéou-Kung, après avoir accompli cette œuvre vraiment grandiose, songea à augmenter encore par d'autres mesures et le

bien-être du peuple et les revenus de l'État. Il
fit alors promulguer des lois sur les délimita-
tions des propriétés et organisa la répression
des usurpations. La forme des champs fut tra-
cée en carrés, que nous appelons *puits*, parce
que le quadrillé ressemble à celle de nos lettres désignant le puits. Neuf cents méous for-
maient une unité de surface, le puits, entouré
et sillonné de rigoles et valant un peu plus de
60 hectares. Les huit terrains extérieurs appar-
tenaient à huit agriculteurs, qui devaient cultiver ensemble le neuvième carré intérieur,
pour l'État, à titre d'impôt.

Ce système réussit à merveille : chaque cultivateur était propriétaire de cent méous, soit
6 hectares et demi, dont le produit lui revenait
en entier, et l'État était en réalité, propriétaire
du tout, puisqu'il recevait un impôt général du
neuvième. J'ajoute qu'avec cent méous, si le
terrain est fertile, un cultivateur peut nourrir
une famille de huit personnes : sinon, cinq personnes, au moins.

En dehors de ce champ, chaque cultivateur
reçut encore cinq méous de terre, soit 3350

mètres carrés, dont la moitié destinée à sa basse-cour et la moitié aux mûriers. Grâce à cette méthode de distribution des propriétés aux habitants, chacun avait toujours un surplus de provisions : riz, viande de porc, volaille, pour se nourrir, et soie pour s'habiller. Nul, à cette époque, n'était plus riche ni plus pauvre qu'un autre : c'était un socialisme égalitaire complet ; et personne ne se plaignait de cette médiocrité dorée, puisque l'aisance de l'un ne s'était pas faite aux dépens de la richesse de l'autre.

Cette époque est la plus grande de notre histoire : jamais le peuple n'avait été aussi heureux ; jamais la méthode ne fut aussi bien appliquée. Le livre *des Rites* de la dynastie de Tchéou, que nos contemporains vénèrent toujours, et que les personnes qui s'occupent d'agriculture et de la question des eaux s'empressent de consulter, pour y prendre modèle, contient tous les documents dont nous nous sommes servi pour esquisser le tableau qui précède.

Malheureusement, la décadence de la dynastie Tchéou survint en l'an 600 avant J.-C. Les princes féodaux avaient habilement profité de leur pouvoir pour ruiner les populations par leurs exigences incessantes, allant jusqu'à couper les blés ou la récolte de riz, prenant ce qui leur plaisait ; le régime territorial de Tchéou-Kung fut, par suite, complètement détruit.

Deux cents ans après, le prince Houan-Kung, du royaume de Tchi, se proclamait chef des féodaux, pour les écraser de sa suprématie : se rendant aux avis de son ministre Kouang-Tchung, il revint à la méthode qui avait si bien réussi sous Tchéou-Kung, tout en la modifiant à sa manière. Il nomma, à cet effet, un ministre des eaux, un sous-secrétaire d'Etat, deux adjoints, deux inspecteurs des eaux, qui parcouraient tout le pays et faisaient exécuter des travaux nécessaires pour prévenir les deux grands fléaux : la sécheresse et l'inondation. Ces mesures énergiques firent du royaume de Tchi le plus riche de l'époque. Mais le système de Tchéou avait subi une profonde transformation, qui allait s'accentuer encore.

Lorsque l'empereur Tsing-Sse-Houang, en 250 avant J.-C.. rendit l'unité à l'empire chinois, en détruisant tous les chefs féodaux, il suivit le conseil de Siang-Kio, son ministre d'Etat, et laissa les champs complètement libres au peuple : l'ancienne prestation en nature du neuvième, attribué à l'Etat, fut remplacée par un impôt.

Ce souverain, avant de devenir le maître unique de la Chine, fit percer un canal pour amener l'eau du fleuve King, de la montagne de Tsoung, (ou du milieu), jusqu'à la montagne de Pé (ou du Nord); plus de 400 000 hectares de terre, jusqu'alors stériles, devinrent très fertiles, une fois arrosés par ce canal, dit canal de Tcheng-Ko, du nom de son inventeur. C'est grâce aux richesses qu'il put dès lors tirer de ses sujets, que son royaume se vit changé en empire.

Malheureusement, cette fortune le rendit aveugle. Croyant que plus l'empire posséderait de champs, plus le gouvernement serait riche, l'empereur décréta de transformer toute la terre de Chine en cultures, en négligeant la source même des richesses agricoles, l'utilisation des eaux. Non seulement il n'augmenta pas le nombre des canaux, mais les anciennes rivières artificielles étaient négligées, se bouchaient, et bientôt, les nouveaux champs ne furent pas mieux alimentés que les anciens. Quelques années plus tard, la négligence apportée à la canalisation eut pour résultats l'inondation et la sécheresse.

Le peuple qui jouissait jusqu'alors d'une fortune presque toujours égale, éprouva tout à coup des revers terribles; inutile de vous détailler ici toutes les conséquences physiques et politiques du nouvel état de choses, il me suffit de citer ce passage de notre histoire : « Tchéou, qui fonda la méthode des champs de *puits*, vit sa dynastie durer huit cents ans ; le peuple était heureux et les propriétés florissantes. Tsing agit dans un sens tout contraire : il négligea les canaux ; aussi sa famille ne régna-t-elle que pendant deux générations, parce que beaucoup de gens de son peuple étaient ruinés, et que leur cœur se détacha de lui. »

Voilà l'utilisation des eaux devenue

le grand facteur de la politique; vous ne vous en étonnerez pas, en vous rappelant que les Chinois sont, avant tout, une nation essentiellement agricole.

En 202 avant J.-C., l'empereur Kao-Tsou sortit des rangs les plus infimes du peuple pour former la dynastie des Han. Voyant le système territorial de Tchéou-Kung si bien délaissé qu'il ne pouvait songer à y revenir, il se contenta de continuer le système des Tsing, en diminuant les impôts. Ce *modus vivendi* put être maintenu pendant trois siècles et demi. Il l'eût été plus longtemps peut-être, si un débordement du fleuve Jaune n'avait eu lieu dans le district de Soan-Tsao, en 160 après J.-C., sous le règne de Weng-ti. Ce désastre gigantesque était le seul de ce genre que l'histoire relatât, depuis l'époque de Yu, depuis deux mille ans. Pour parer au mal, le conseil des ministres décida de faire construire des digues par les soldats. Mais, vingt ans plus tard, le fleuve déborda de nouveau à un autre endroit. A mesure qu'on bouchait les brèches par des digues, des débordements successifs eurent lieu. Enfin, vingt ans plus tard encore, le fleuve Jaune changea de cours, déplaça son lit, par suite de la canalisation insuffisante, et se fraya une voie vers la région méridionale de la Chine ; alors les terres septentrionales furent à jamais ruinées, notamment les provinces Ho-Nan et Hou-Pé, les plus éprouvées.

Devant ces malheurs accumulés, qui menaçaient l'existence même de l'empire, les ministres des finances et d'Etat décidèrent, de concert, de boucher toutes les brèches faites aux digues et de nommer, à cet effet, un ministre des travaux hydrauliques, chargé spécialement de cette entreprise, et des fonctionnaires subalternes, dispersés dans toutes les provinces fluviales.

Le nouveau ministère s'occupa activement de sa mission. Il prit les mesures les plus énergiques pour empêcher le retour des inondations provenant de la crue rapide des fleuves ; en même temps il chercha à introduire les eaux, par de petits canaux, dans les champs. D'abord on commença par les canaux d'irrigation des eaux de l'Ouei, dont les travaux durèrent trois ans. Ce canal avait une longueur de plus de 300 *lis* (172 kilomètres); les terres riveraines profitèrent immédiatement de la construction. Un préfet de Chang-tung, imitant l'exemple donné par ses collègues, fit amener les eaux du fleuve Feng dans sa province, qui, à elle seule, fournit, depuis, une plus-value d'impôts de plus de deux millions de péculs (120 millions de kilogrammes).

Enfin, dans les contrées où la terre, dépourvue de rivières, ne permettait pas de construire des canaux, on creusa des puits : ce fut, en un mot, l'époque la plus active, au point de vue des travaux hydrauliques, et jamais l'utilisation des eaux ne fut mieux pratiquée.

D'ailleurs les récompenses décernées aux uns suffisaient à encourager les autres, qui cherchaient, chacun dans son ressort, à améliorer le sort de leurs subordonnés et à rendre leurs terres plus fécondes. Ce n'était pas la méthode des Tchéou, la distribution des terres offraient plus d'inégalité; mais le régime des eaux avait reçu de tels perfectionnements que notre agriculture en reçut une impulsion décisive ; aujourd'hui encore, la Chine doit être reconnaissante aux auteurs de cette transformation, qui a rendu et rend toujours à nos paysans les plus grands services.

Les terres qui ont le plus profité de ces réformes sont incontestablement celles de la région de Eul-Kouan, entourée de six cours d'eau appelés Liou-Fou. Leur étendue fut augmentée encore par un ministre du royaume de Tchao. qui, prenant l'eau du fleuve King à son embouchure, l'amena à Li-yang, pour déverser finalement ses flots dans le fleuve Ouei. Ce nouveau canal a une longueur de 200 *lis*, soit 116 kilomètres, et arrose plus de 4.500 *kings*, ou environ 30.000 hectares de terrains rendus très fertiles. Le peuple de ce pays, devenu agricole montra sa reconnaissance du bienfait reçu, par une chanson qui, répétée encore aujourd'hui de bouche en bouche, célèbre les créateurs de la canalisation. Cette chanson est ainsi conçue :

Où était le champ autrefois,
Qui est aujourd'hui si fertile?
C'est grâce au royaume Tcheng, d'abord,

Et au canal **Pô**, ensuite,
Qu'on y voit aujourd'hui une nuée de charrues
Et que le canal remplace la pluie bienfaisante.
Une cruche d'eau rend fertiles plusieurs carrés
de terre.
A mesure qu'elle arrose, nos moissons poussent.
On ne se figure pas combien de milliers d'habi-
tants,
Grâce à cet arrosage, n'ont plus de soucis pour
leur habillement, ni leur nourriture.

Quarante ans avant J.-C., le préfet de Nau-Yaug construisit dans le district de Siaug un vaste bassin entouré d'une digue en pierre, qui donna à l'Empire du milieu une augmentation de 20,000 *kings* de champs, soit 134,000 hectares.

250 ans après, l'empereur Ming-Ti, de la dynastie Tching, perça, sur le conseil de Teng-Ngaï, un canal qui fait communiquer le fleuve Houei au fleuve Yug : le parcours de ce canal est de 300 *lis* ou 173 kilomètres. Il ajouta 20,000 *kings* (138,000 hectares) à la culture. La nourriture fut dès lors plus que suffisante en Chine. C'est sur ce canal, devenu voie stratégique et route commerciale, que l'empereur transporta les armes et les provisions jusqu'au

royaume d'Ou, dont il fit la conquête. Le transport des riz par les canaux date de cette époque.

Au sixième siècle, les Thangs cherchèrent à développer la canalisation : mais ces efforts ne furent pas aussi remarquables que ceux de leurs prédécesseurs, parce que les travaux les plus importants avaient déjà été exécutés. Un fait seulement, mérite d'être signalé : c'est le creusement d'un lac, par le célèbre poète Pé-Ku-I, qui en 624 était préfet de Han-Tchéou.

Ce lac, appelé Si-Hou, ou lac occidental, se fournissait des eaux du fleuve Tsien-Tang ; il a une circonférence de 30 *lis* ou 17 kil. 280, et arrose un espace de 6,000 *kings* (40,000 hectares). Le quai était fait d'une composition solide, mais qui laissait filtrer l'eau de façon à la faire descendre lentement sur les terres situées au-dessous du niveau du lac. La rive, plantée de pêchers et de saules pleureurs, devint la promenade favorite des lettrés et des poètes. Ce lac fut traversé par six ponts sous lesquels flottent les fleurs de lotus. C'était la première belle promenade au bord de l'eau qui existât en Chine.

Le même lac fut agrandi, sous la dynastie des Sung, par le poète Sou-Tong-Pao, au moyen d'une ceinture d'eau qu'il appela « lac extérieur ». De nouveaux quais furent construits et tous les voyageurs qui s'y promènent encore aujourd'hui ont pu admirer l'œuvre charmante autant qu'utile des deux grands poètes qui eurent le rare privilège d'être, en même temps, de grands ingénieurs.

Au neuvième siècle, la dynastie des Sung, désirant étendre la canalisation d'une manière très large, créa un département nouveau, à la tête duquel fut placé un ministre, avec le titre de « Gouverneur des eaux ». De plus, un surintendant des transports de riz fut nommé, pour administrer les provinces septentrionales du fleuve Jaune : il avait comme attributions le sondage du fleuve et l'étude des besoins d'aliments des provinces de l'Empire. Le soin de classer les terrains productifs selon leur valeur et leur position, lui incombait également. Enfin, la culture du mûrier entrait aussi dans sa compétence. Ce fut la seconde période de notre prospérité agricole due à la canalisation.

Au dixième siècle, ce système reçut encore un perfectionnement. Le premier ministre Fan-Tchung-Yen inventa les digues-écluses, qu'on devait fermer au moment des crues, et qu'on ouvrait en temps de sécheresse.

En même temps, son contemporain Tsaé-Siang fit percer à Fou-Tchéou, autour du lac Si-Hou, 69 canaux d'irrigation, qui arrosent, dans cette province, plus de 25,000 *kings* de terrains (167,250 hectares).

En 1160, eut lieu un débordement de l'eau du Tai-Hou, dans la province de Sou-Tchéou. Le censeur Li-Kié proposa au trône trois projets : 1° faire des écluses et des quais; 2° créer des concours entre fonctionnaires et gens du peuple pour les travaux hydrauliques; 3° profiter de la baisse des eaux, en automne et en hiver, où le peuple n'est pas occupé aux champs, pour l'employer à exécuter ces travaux. Ces propositions furent acceptées et les travaux, au bout de quelques mois, donnèrent des résultats remarquables.

En 1360, le premier empereur de la dynastie des Ming, immédiatement après son avènement, rendit un décret pour restaurer et rouvrir les canaux bouchés, afin de montrer que son premier acte était de penser à la nourriture et aux vêtements des habitants.

Il savait que les plus grandes ressources de l'Empire provenaient de l'agriculture et que le plus sûr moyen de pacification était de donner du travail au peuple. Il envoya, à cet effet et dans cet ordre d'idées, les membres de l'académie dans toutes les provinces pour conférer avec les autorités, expliquer au peuple le but de leur mission et appliquer le décret impérial.

Un peu plus tard, sous le règne de Yung-Lò, le lac Tai-Hou déborda de nouveau. Le Ministre des finances Hia-Yong-Ki fut chargé de parer aux difficultés. Cent mille employés travaillèrent jour et nuit: Yong-Ki s'habillait comme eux et allait, tous les jours, à pied, inspecter les travaux, sans repos, ni trève, sous le soleil, même le plus ardent. Répondant à quelqu'un qui lui conseillait de se reposer un peu, il disait qu'il ne pouvait pas se livrer à l'oisiveté pendant que les autres se fatiguaient. Grâce à cet exemple donné d'en haut, on travailla avec activité et le désastre fut à jamais banni. Vous comprendrez aisément combien les agriculteurs et le peuple de cette région ont de vénération pour ce célèbre Ministre des finances.

Sous l'empereur Tcheng-Hoa, le gouverneur Han-Tsoung restaura les canaux de Scheng et de Lung-Siou dont j'ai parlé plus haut ; au moyen du feu, il détruisait les rochers, réduits en poussière par la chaleur d'immenses brasiers ; ceux qui étaient trop grands, il les perça de tunnels ; ces œuvres existent encore aujourd'hui : nous les appelons « le canal des bienfaits multiples », car il arrose plus de 70,000 *kings* de terrains, 468,300 hectares.

La dynastie actuelle, outre les travaux importants et successifs qu'elle ne laisse pas de faire pour l'entretien et la protection des eaux, a fait publier, sous l'empereur Kien-Lung en 1737, une grande encyclopédie d'agriculture et d'horticulture, composée de 78 livres.

La rédaction avait été confiée par le souverain aux agriculteurs et aux lettrés, qui prirent soin d'annoncer dans leur introduction qu'ils n'avaient pas l'intention d'émettre des idées nouvelles, mais seulement de recueillir dans tous les ouvrages antérieurs, afin de former un vaste recueil, les observations et les méthodes les plus remarquables, dues aux savants de tous les temps et de toutes les provinces.

Cet ouvrage, intitulé *Chéou-chi-tong-Kaò*, nous fournit de précieux renseignements relatifs à l'utilisation des eaux.

Il serait trop long de vous détailler le contenu de cette œuvre si vaste. Si vous me le permettez, je vais rapidement vous retracer un sommaire de la question qui nous y intéresse :

LIVRE XV. — AVANTAGES QU'ON RETIRE DE L'EAU. — IRRIGATIONS I.

Classification des cours d'eau en fleuves, rivières, ruisseaux, etc., d'après leur importance ; le parti qu'on doit tirer de chacun d'eux suivant leur profondeur, leur largeur, etc.

Manière d'utiliser pour l'irrigation, les eaux des lacs, des étangs, des pièces d'eaux, ainsi que les eaux pluviales.

Histoire des divers systèmes d'irrigation suivis en Chine à différentes époques; motifs qui ont fait prévaloir ceux que l'on adopte aujourd'hui.

Instructions pratiques sur l'art des irrigations.

Dimensions des canaux, suivant la classe à laquelle ils appartiennent; leur profondeur, leur largeur, les distances qui doivent les séparer les uns des autres.

Livre XVI. — Irrigations II.

Recherches sur l'histoire des digues organisées en grand.

Législation qui les régit.

Système des digues adoptées pour les différents fleuves de l'empire; description de ces systèmes, qui varient de province en province, en raison du climat, de la nature du sol ou des ressources particulières à chacune de ces provinces, ce qui amène l'auteur à examiner en détail les qualités chimiques inhérentes aux eaux des principales rivières et des lacs en Chine, au point de vue de l'agriculture.

LIVRE XVII. — IRRIGATIONS III.

Continuation du même sujet. Ce livre est le complément du précédent.

LIVRE XVIII. — IRRIGATIONS IV.

Ce livre traite de la manière de creuser les puits, de former des bassins, des réservoirs, des canaux d'irrigation, d'élever les digues et barrages pour déverser l'eau des rivières sur les terres cultivées.

Matériaux qui doivent être employés à ces diverses constructions.

Précautions à prendre en exécutant ces divers travaux, etc., etc.

Réglements concernant la prise de l'eau dans les rivières et la distribution aux cultivateurs, suivant que les eaux sont basses ou abondantes.

Manière d'utiliser l'eau de la mer en agriculture.

Livre XXXIII. — Méthodes pour élever l'eau, d'origine européenne.

Ce livre est consacré à la description des pompes et autres appareils pneumatiques d'invention européenne introduits en Chine. Chacune de ces machines est modifiée et simplifiée par le génie chinois.

Ces livres vous font voir combien les Chinois étaient avancés, dès la plus haute antiquité, dans cette branche importante de l'agriculture.

Voilà, à peu près, ce que j'ai à dire de l'histoire de la canalisation de la Chine.

Mon pays est essentiellement agricole, et pour que l'agriculture pût prospérer, nous nous sommes appliqués, comme vous avez pu voir, à donner à boire à la terre.

L'empereur Yu, après nous avoir mis à l'abri du déluge, songea à créer les cours d'eau coulant à travers la terre ferme, comme le Créateur nous a pourvus de veines faisant circuler le sang de notre corps.

Confucius, en parlant de Yu, disait que tous

ses efforts se résumaient dans la création des canaux : en effet, c'était là la force motrice de l'Empire du milieu, en même temps qu'un moyen efficace de diminuer l'action destructrice des torrents et d'éviter les inondations.

Ce temps prospère est resté le modèle et l'idéal de la Chine. Du reste, les successeurs de ce monarque, toutes les fois qu'ils voulurent dévier du chemin qu'il leur avait tracé, virent tour à tous leur dynasties s'éteindre, à la suite des désastres causés par leur négligence. Vous avez pu constater comment ont fini les Tsing et combien le lac Taï-Hou a fait de victimes, sous les Sung, par ses débordements. Mais à côté de ces torts des gouvernements passés, le peuple, aussi, a souvent sa part de responsabilité : l'homme est toujours ambitieux. Il demande souvent la quantité et tue la poule aux œufs d'or; ainsi nos paysans sèment des plantes aquatiques au bord de l'eau, pour affermir le sol marécageux et créer des terrains nouveaux. Le champ s'agrandit aux dépens du canal et le cultivateur ne se préoccupe point du rétrécissement de l'artère liquide. Alors, un jour, l'eau, n'ayant plus un passage suffisant, déborde. Nos efforts consistent maintenant à rendre ces événements impossibles, à éviter l'envahissement des canaux par usurpation des terres sur l'eau.

Le rôle protecteur du gouvernement n'a donc pas pris fin, et il n'est pas désirable qu'il prenne fin. Il faut toujours que l'organe de l'intérêt général s'oppose aux empiétements des intérêts particuliers.

Mais si notre agriculteur a le petit défaut que je viens de signaler, il se distingue, en revanche, par de nombreuses qualités. Il a su ramifier à l'infini les rivières artificielles créées par la sagesse de nos empereurs et de leurs ministres; riche de nombreux enfants, il s'est servi de leurs mains pour subdiviser les canaux et les saigner par des milliers de filets d'irrigation; grâce à la présence constante du précieux liquide, il a réalisé des prodiges de culture. L'eau lui a permis d'utiliser l'engrais naturel, dilué au quinzième, suivant les préceptes de nos sages, qui rend au sol ce que l'homme lui a enlevé; l'eau, toujours en abondance, lui a fourni le moyen d'appliquer à la culture du blé les procédés de repiquage, qui nous assurent des rendements supérieurs ; l'eau a rendu possible la constitution de la petite propriété, ce morcellement extrême des terres, qui procure à la moindre parcelle du sol une culture intensive.

Sans doute, ce n'est pas à l'eau seule que nous sommes redevables de l'état florissant de notre agriculture ; la patience de notre paysan, l'organisation savante de nos banques mutuelles, notre habitude invétérée de placer notre argent dans la terre, sont des facteurs considérables de notre prospérité agricole.

Mais tous ces efforts particuliers n'auraient produit que peu de chose, s'ils n'avaient trouvé, dans les vastes entreprises de canalisation menées à bonne fin par l'Etat, un tout-puissant auxiliaire.

J'ajouterai que sans ces travaux gigantesques, jamais le Chinois n'eût porté à un si haut point de perfection une industrie importante entre toutes ; je veux parler de la pisciculture. C'est grâce à l'abondance de l'eau que mes compatriotes, au lieu de se contenter de couvrir de leurs bateaux de pêche les côtes de la mer, les bords de nos fleuves, nos lacs et nos rivières, ont pu se livrer presque tous à l'élevage du poisson. Le frai de poisson est partout soigneusement recueilli; au lieu de l'abandonner aux hasards du fleuve, le riverain vigilant emporte cette semence de richesse, pour lui donner un abri, en tout lieu où se trouvent les quelques gouttes d'eau nécessaires. Les réservoirs destinés à l'irrigation des cultures fourmillent de jeunes poissons. Le champ de riz est-il en friche, pendant l'hiver : quelques coups de pioche et un courant d'eau vont le changer en petit lac, où frétilleront les carpes; de même, la citerne, où s'accumule l'eau des pluies, est aussi un vivier.

Cet aménagement nous permet, sans sociétés de pisciculture jetant des millions d'alevins dans les fleuves, d'augmenter notre ordinaire d'une quantité considérable de poissons; une partie en est consommée à l'état frais; le reste, salé ou desséché, est expédié dans toutes les parties de l'empire et vendu à un prix rémunérateur, quoique toujours très modique.

Pour me résumer, je dirai que notre régime des eaux, considéré dans son ensemble, est une des plus grandes œuvres produites par l'intelligence et le travail de l'homme. C'est à lui que la Chine doit en grande partie l'aisance de ses innombrables habitants.

Ce n'est pas que tout soit parfait et que cette organisation ne laisse rien à désirer. Mais, du moins, savons-nous exactement quels sont nos desiderata et comment nous pouvons les réaliser.

Si nous avions un seul instant entretenu cette illusion que le plan général de la canalisation de l'empire n'offrait pas de lacunes, les événements de ces derniers temps nous eussent tristement convaincus de cette vérité, que l'homme n'est jamais au bout de sa tâche, et que, quoi qu'il ait fait, il lui reste toujours à faire.

L'année dernière, le fleuve Jaune, qui semblait pour toujours enfermé dans son lit, déborda tout d'un coup ; l'inondation atteignit des proportions qu'on ne connaissait plus depuis des siècles; des milliers de familles perdirent les unes leur fortune, les autres la vie, dans cette crue subite, qui paraissait railler tous les efforts si gigantesques, faits par l'homme, pour régulariser les forces brutales de la nature.

Ce malheur nous apprend deux choses : en premier lieu, que les rivières artificielles et les endiguements exécutés jusqu'à ce jour nécessitent une surveillance incessante; qu'il faut que l'œil du gouvernement central soit toujours ouvert sur ces artères de notre richesse, que la moindre négligence, les empiétements en apparence insignifiants des cultures, les réparations insuffisantes, peuvent changer du jour au lendemain en instruments de destruction.

En second lieu, nous devons avouer que, malgré la grandeur de l'œuvre accomplie, il nous faudra procéder à de nouveaux travaux, pour compléter le système.

Ici se présente une difficulté, résultant du caractère particulier de notre organisation sociale : tout notre territoire est, en effet, cultivé; il n'est pas un coin susceptible de produire qui n'ait reçu sa destination. Pour créer de nouveaux canaux, il nous faudra donc des sommes énormes destinées à indemniser les propriétaires dépossédés, sans compter la main-d'œuvre, toujours considérable pour ces sortes d'opérations, même dans nos régions où le travail humain se loue à si bon marché.

Aussi, les plans, dont on s'est préoccupé jusqu'à ce jour, présentent-ils dans leurs grandes lignes des différences considérables. Les uns voudraient voir de nouveaux canaux s'ajouter aux anciens. D'autres préféreraient de vastes bassins, lacs artificiels où l'eau des crues viendrait s'emmagasiner, pour en sortir en temps voulu et aller répandre, dans les campagnes, la fertilité au lieu de la désolation.

Quelles que soient les difficultés qui s'opposent à leur exécution immédiate, nous pouvons déjà entrevoir le moment où ces grands travaux, complément indispensable de notre matériel hydraulique, seront menés à bonne fin. Alors, la Chine, dotée du plus gigantesque système de canalisation que le monde ait conçu, n'aura qu'à entretenir en bon état l'œuvre des anciens, revue et complétée par les modernes.

La paternelle sollicitude de notre gouvernement pour le peuple, l'emploi judicieux des puissantes machines créées dans ces derniers temps par la science de l'Europe, rendront cette dernière partie de notre tâche à la fois facile et économique.

Un mot pour terminer : j'ai traité laquestion avec beaucoup de détails; j'ai établi pour vous, aussi complètement que le peut un homme qui n'est pas du métier, l'état des choses dans mon pays; ce qui a été fait; ce qui demeure à faire.

J'ai peut-être été un peu long et je crains d'avoir abusé de votre bienveillante attention. Mais la longueur de cette causerie a son excuse : elle résulte d'un désir que vous ne pourrez trouver que légitime. J'ai voulu vous démontrer, par le soin même que j'ai pris de traiter ce sujet avec tous les détails qu'il comporte; j'ai voulu vous démontrer quelle importance j'attachais à cette question si importante de l'utilisation des eaux et, par conséquent, combien j'étais pénétré de la grandeur du but que poursuivez et que résume le titre de votre Congrès.

Si j'ai pu vous faire entendre que telle était mon intention, que personne ne comprend mieux que moi quel intérêt primordial présentent pour la sécurité et l'existence même de l'espèce humaine les travaux qui vous occupent, alors je ne regretterai pas de vous avoir entretenus, fût-ce un peu longuement, de l'utilisation des eaux en Chine.

LES PARLEMENTS DU MONDE

LE « TOU-TCHA-YANG » OU CENSURE DE CHINE

J'ai conservé à dessein le mot de *Censure*, employé par tous les auteurs européens. Je me hâte d'ajouter que notre censure n'a rien de commun avec une institution homonyme, plus généralement et très irrévérencieusement connue dans la presse sous l'appellation d'*Anastasie*.

Le rôle du *Tou-Tcha-Yang* est autrement important. *La cour qui veille à tous* — telle est la traduction exacte — touche, comme on le verra bientôt, à toutes les administrations de l'Etat. Dans sa compétence universelle, elle est, à la fois, pouvoir législatif, exécutif et judiciaire, Cour des comptes et Conseil d'Etat. Nous allons étudier la raison d'être de cet organisme politique et en examiner les diverses manifestations.

Comparée avec les pays d'Occident, la Chine pourrait, au premier abord, passer pour un État purement autocratique. Mais, en y regardant de plus près, on s'aperçoit vite que son gouvernement est organisé de façon à ne ressembler à aucun autre, à ne pouvoir s'adapter aucune des définitions politiques courantes.

Notre gouvernement, en effet, n'est qu'une grande famille, composée de tous les habitants de la Chine. Aussi son autorité est-elle plutôt paternelle qu'autocratique : *patriarcale* serait le vrai mot.

Le souverain, depuis les temps anciens jusqu'à nos jours, s'est toujours considéré et se considère encore comme le chef et le représentant de la famille qu'il dirige : il cherche à se rendre digne de cette haute et difficile mission. Son premier devoir est donc de se pénétrer constamment de la pensée, des aspirations et des besoins du peuple. C'est parce que cette pénétration existe, que le monarque vit constamment en harmonie avec ses sujets et n'agit jamais contre leur volonté.

Cette harmonie, nous la devons à la Censure. Les différents départements administratifs ont, chacun pour sa part, une direction spéciale, nettement définie. On s'aperçut qu'ainsi absorbés par les exigences de leur sphère d'action propre, ils ne suffisaient pas à rendre compte des besoins multiples de la nation. On songea alors à créer un lien, une espèce de téléphone, destiné à maintenir, de souverain à peuple, la communication constante, indispensable pour établir l'accord entre le gouvernement et les gouvernés. Ce lien, c'est le *Tou-Tcha-Yang*, qui joint à son droit de remontrance et de réprimande le contrôle de toutes les branches de l'administration.

L'origine de cette institution remonte à l'antiquité la plus reculée : en l'année 1122 avant Jésus-Christ, sous le règne de l'empereur Wou-Ouang, de la dynastie des Tchéou, elle fut intronisée définitivement, avec le caractère de corps officiel : elle réunit, dès lors, les deux pouvoir législatif et exécutif.

En 240 avant Jésus-Christ, l'empereur Tching-Sse-Houang étendit la compétence des censeurs au pouvoir judiciaire et au contrôle administratif. Tous les actes officiels leur furent soumis, ainsi que les archives et les comptes de l'État.

Sous la dynastie des Thang (618 après Jésus-Christ), six membres de ce conseil siégeaient toujours en permanence à la cour. Ce nombre a été augmenté depuis, au fur et à mesure du développement des affaires de l'empire.

Au XIIIᵉ siècle, le gouvernement des Ming donna à chacun des censeurs une province à contrôler et nomma, en même temps, deux présidents et deux vice-présidents de l'assemblée des censeurs.

La dynastie actuelle, tout en conservant cette organisation, a fixé le nombre des membres à cinquante-six, dont vingt-huit Chinois et vingt-huit Mandchoux ou Tatars. De plus, il y a deux présidents et deux vice-présidents, appartenant également aux deux nationalités. Enfin, les vice-rois et les gouverneurs portent, respectivement, les titres de présidents et

vice-présidents du collège des censeurs. Mais
la compétence de ces derniers s'étend exclusivement à leur ressort administratif : ils ne
peuvent censurer ailleurs, et perdent leur qualité de censeur avec la fonction à laquelle elle
est attachée.

Le collège des cinquante-six censeurs siège
dans la capitale, où un palais spécial leur est
assigné. L'assemblée délibère en commun sur
toutes les affaires, sauf celles de censure proprement dite ; dans ce cas particulier, chaque
membre a l'initiative de la critique, qu'il doit
exercer seul, et qui ne saurait être collective
que dans des circonstance très graves, d'importance tout exceptionnelle. Ce collège, d'ailleurs, répartit entre ses membres le contrôle
des diverses provinces et des administrations
particulières.

Quelques exemples montreront comment
s'opère cette répartition.

Les censeurs, qui ont le contrôle du Tcheng-
King et du Pétchili, surveillent aussi le grand
secrétariat de l'empereur. Le ministère de
l'intérieur, le commandement de la garde sont

dans les attributions des censeurs de Ho-Nan. Le ministère des finances, les dépôts et transports de riz relèvent du censeur du Kiang-Si, et ainsi de suite.

Outre ces cinquante-six membres, il en est encore douze autres : ce sont, spécialement, des inspecteurs, chargés, avec leurs attachés, d'aller chaque jour prendre connaissance de ce qui se passe dans toutes les administrations.

Le traitement des censeurs est très modeste : il est fourni directement par l'empereur. Ils ne peuvent rien accepter du gouvernement en dehors de cette faible rémunération de leurs services.

Les actes du gouvernement et du souverain lui-même sont la préoccupation constante du *Tou-Tcha-Yang*. Quelques-uns de ses membres couchent toujours au palais impérial et accompagnent l'empereur dans ses voyages. Ils ont le droit, dans les cas graves, d'éveiller le souverain, qui est obligé d'écouter leur rapport verbal. Assistant à toutes les cérémonies officielles et aux sacrifices religieux, pour en assurer le respect et en maintenir la solennité, les membres du collège sont les conseillers intimes du maître de la Chine. A-t-il failli à la vertu, ils lui adressent d'abord des conseils : si ces sages paroles ne sont pas écoutées, ils ne craignent pas de le critiquer publiquement et en termes quelquefois très sévères. Ils préfèrent la révocation et la mort à la soumission : l'histoire nous a conservé de nombreux exemples de la fidélité de ces magistrats aux devoirs que leur impose leur mission.

Comme le Conseil d'Etat en France, le *Tou-Tcha-Yang* examine la légalité et la justice des mesures prises par le gouvernement, mais il a l'initiative la plus large, des droits illimités d'intervention. Soucieux du bien-être de la nation, il surveille les agissements et les relations des fonctionnaires et porte immédiatement à la connaissance du souverain tout acte contraire à la loi ou à l'honneur. Libres de tout dire, les censeurs sont cependant responsables : s'ils calomnient, le lésé peut recourir, soit aux tribunaux, soit à un autre cen-

seur que celui qui l'a accusé, et obtenir la condamnation du coupable. Tout opprimé peut
s'adresser à eux : tout homme, comme condamné injustement, peut faire appel à la Censure, qui se transforme, à cette occasion, en
Cour de cassation.

Ces magistrats ont également le droit de
faire rapporter les décrets impériaux, déjà signés, s'ils les jugent non conformes au droit ;
de renvoyer les rapports ou requêtes des vice-
rois et gouverneurs de provinces, s'ils les trouvent insuffisants, erronés ou entachés de considérations personnelles.

Chacun d'eux peut demander la révocation ou la dégradation des fonctionnaires de
tout rang, qui auraient avili leur fonction ou
ne seraient pas capables de bien gouverner
leurs administrés.

Les rapports des censeurs qui ne reçoivent
pas d'exécution immédiate sont conservés dans
le portefeuille du souverain qui ne doit pas
les perdre de vue : pendant ce temps, les auteurs n'ont pas le droit de faire connaître leurs
rapports au public, pour ne pas troubler pré-
maturément l'opinion.

Avec cette menace de la Censure toujours suspendue sur leur tête, les fonctionnaires n'osent mal agir. Le peuple est tranquille. Les bonnes mœurs sont maintenues. Respecté et craint de tous, le *Tou-Tcha-Yang* est aimé du peuple, mais regardé avec une certaine défaveur par les fonctionnaires.

Tous les ans, à l'époque de l'automne, lorsque les gouverneurs des provinces présentent la liste des condamnés à mort pour demander la sanction du trône, cette liste, accompagnée des dossiers, doit passer jusqu'à trois fois, tour à tour, à la Censure et au ministère de la justice. Le décret ordonnant l'exécution ne peut être rendu que lorsque la Censure a prononcé la sentence en dernier ressort. Les dossiers des criminels jugés en dernier ressort par le ministère de la justice sont soumis, eux aussi, à la Censure, qui peut procéder à une nouvelle instruction et demander une nouvelle audience, présidée par les présidents de ce collège et le ministre de la justice, conjointement. Les accusés ont donc, on le voit, des garanties, aussi nombreuses que possible, que leur droit ne sera pas violé par l'autorité judiciaire. Le peuple a d'ailleurs la faculté de s'adresser directement aux censeurs pour toute plainte, au sujet de toute injustice.

Autrefois même, c'était l'habitude de donner aux censeurs des pouvoirs à l'effet de parcourir *incognito* les provinces et de se rendre compte de toutes choses, et spécialement du bien-être et des souffrances du peuple. Mais, depuis trois siècles, les vice-rois et gouverneurs des provinces étant devenus, de droit, présidents et vices-présidents de la censure, ces voyages secrets sont devenus inutiles. Pourtant, dans certains cas exceptionnels, on recourt encore à ces missions extraordinaires.

La Censure, comme on vient de le voir, n'est pas une administration proprement dite ; mais toutes les administrations sont soumises à son contrôle, qui étend sa surveillance sur tous, depuis le dernier des sujets jusqu'à l'héritier présomptif. Elle représente, à la fois, les yeux et les oreilles du souverain, la bouche et le pinceau du sujet. Elle est le guide de l'empereur et l'avocat du peuple. Il n'est pas de plus grand honneur pour un lettré, ni de plus haute ambition, que d'être nommé à cette fonction redoutable, qui lui permet de tout voir et de tout dire, et de développer avec la liberté la plus complète tout ce qu'il peut avoir de talent et d'expérience acquise.

La plupart des censeurs sortent de l'Académie. Ils sont choisis par l'empereur parmi les lettrés qui ont passé le troisième examen. On a le plus grand soin, dans ces nominations, de ne désigner que les candidats les plus distingués par la pureté de leurs mœurs et l'élévation de leur caractère, sans aucun égard pour la personne ou la situation de l'élu, ni pour le parti auquel il peut appartenir. Ces précautions sont indispensables pour que le censeur puisse exercer sa charge avec l'indépendance absolue qu'elle exige; pour qu'il ne se sente jamais arrêté, dans ses justes critiques, par la fortune ou la position de ceux dont la conduite lui paraît blâmable. La nécessité d'assurer l'impartialité de ces magistrats paraît si évidente à tous, que nos mœurs vont jusqu'à in-

terdire au censeur des relations trop fréquen-
tes et trop intimes avec le monde. L'histoire,
enfin, examine de très près le rôle joué par les
membres du *Tou-Tcha-Yang*, enregistre leurs
moindres faits et gestes, et ne leur ménage pas
ses critiques. C'est, d'ailleurs, la seule censure
des censeurs.

Disons encore un mot du costume et des in-
signes afférents à cette charge. Sous la dynastie des Han, les membres de ce collège portaient
un vêtement brodé et un casque de fer ; le vêtement brodé figurait les hommes les plus grands ;
le métal du casque faisait allusion à la fer-
meté, à la froide impartialité exigées de ceux
qui le portaient.

A l'époque des Thang, on ornementa les
voitures des censeurs de plumes de cygne
blanc : on voulait dire par là que des choses,
même aussi légères et aussi minimes que ces
plumes, ne devaient pas échapper à l'attention
du magistrat.

Quelque temps après, on leur donna encore
deux cannes, peintes en rouge, représentant
le bâton de la justice.

La dynastie régnante a supprimé ces divers emblèmes, en les remplaçant par des honneurs correspondant à ceux des fonctionnaires du même grade. En même temps, elle ajoutait encore au pouvoir des censeurs et élargissait leur sphère d'action.

En résumé la censure, comme on a pu en juger par ce court exposé, ne gouverne pas, mais intervient dans toutes les régions gouvernementales. Au rôle que joue en Europe la presse, le livre et la tribune, elle joint celui du législateur, puisqu'elle peut modifier les lois promulguées ; du pouvoir judiciaire, car elle a le dernier mot en matière criminelle ; de l'exécutif, en ce qu'elle surveille incessamment les fonctionnaires, qu'elle fait révoquer et frapper, s'ils le méritent ; du Conseil d'Etat et de la Cour des comptes, puisqu'elle juge des conflits entre le public et les fonctionnaires et qu'elle contrôle le département des finances.

Les hommes auxquels sont confiés des pouvoirs si étendus semblent être à la fois les tribuns du peuple et les censeurs de la vieille Rome, et les *Missi Dominici* de Charlemagne. Intermédiaires nécessaires entre la nation et le monarque, ils sont l'écho de toutes les plaintes, l'espoir de toutes les infortunes et la terreur du puissant inique, du fonctionnaire incapable ou injuste. Aussi le peuple chinois aime-t-il cet œil, toujours ouvert, de la conscience publique et entoure-t-il de son affectueux respect les magistrats intègres de sa *cour qui veille à tout*.

LE PAVILLON CHINOIS

Si j'entreprends de décrire ici la section chinoise de l'Exposition Universelle, c'est parce que le titre me sourit beaucoup, en ce qu'il me rappelle tant de souvenirs de jeunesse, si joyeux et si poétiques. Car le pavillon est, pour les habitants du Céleste-Empire, le lieu de plaisance et de délices par excellence, le pied-à-terre du plaisir et de la rêverie, le pays où fleurit l'oranger, l'asile enchanté où ils vivent, aiment et meurent.

Mais quelle différence, entre nos pavillons élevés au bord d'un lac ombragé de saules pleureurs, où les loriots chantent le printemps, et celui construit au Champ de Mars, où les plus élégantes Parisiennes se coudoyaient avec les indigènes du Caire, et où mes compatriotes, cessant de poursuivre le rêve, ne s'attachaient plus qu'à la réalité et se bornaient à offrir aux amateurs européens les productions artistiques de notre Orient lointain !

C'est que la contemplation n'est plus de saison, aujourd'hui : l'humanité, pressée de vivre, est condamnée à agir, à s'agiter fièvreusement, à sacrifier la fiction au confortable et la poésie à la matière.

Mais, cette matière même, on peut la poétiser, elle aussi, en imprimant aux produits bruts de la nature le cachet du génie humain. Voyons comment mes compatriotes comprennent cette association des deux éléments de notre esprit, de l'idéal et du réel.

J'aurais voulu écrire, ici, un article sur l'art chinois proprement dit : mais, l'espace étant restreint, je dois me consacrer exclusivement à la description de ce qu'on vit à l'exposition chinoise.

Ceux qui ont pu admirer notre section en 1867 et 1878 se demandent comment l'empire chinois, qui n'a pourtant subi aucune tranformation politique ni administrative, a été réduit à occuper un espace aussi restreint. La réponse est facile à faire : Le Gouvernement n'a pu, malheureusement, prendre part, cette fois, à l'Exposition Universelle de 1889, tous ses crédits étant absorbés par la nécessité de remédier au plus vite aux misères causées par le débordement du fleuve Jaune : car à chacune de ses dernières participations, la Chine avait donné une subvention de 4 à 500.000 francs aux exposants ; il lui était impossible d'agir de même, cette fois, en face des désastres occasionnés par une calamité sans exemple depuis un siècle.

Pourtant, désireux de témoigner de sa bonne volonté à l'égard du Gouvernement de la République française, le Cabinet chinois avait donné l'ordre aux sous-intendants des douanes de tous les ports ouverts au commerce, d'encourager les négociants ou industriels qui voudraient prendre part à l'Exposition. Il leur était accordé franchise des droits à l'exportation, pour tous les objets destinés à figurer au Champ de Mars.

Malgré ces facilités, les maisons chinoises

hésitaient : cela, pour plusieurs raisons. D'abord, nos négociants ignorent, en général, les langues étrangères ; ensuite, en l'absence des chambres de commerce et de comités organisateurs, personne n'osait prendre l'initiative, s'aventurer seul dans des régions aussi lointaines et risquer des frais de déplacement et de transport considérables.

Les uns attendaient l'exemple des autres, et finalement, aucun signal n'était donné.

Ces hésitations firent que le représentant de Chine à Paris, en l'absence de demandes, ne crut pas devoir s'engager, pour faire réserver l'emplacement que la direction générale de l'exposition avait bien voulu allouer aux habitants de l'Empire du milieu.

Tel était l'état des choses, lorsqu'au début de l'année 1889, quelques riches négociants de Canton, encouragés par le succès et les récompenses par eux obtenus à l'Exposition de Barcelone, s'adressèrent à la Légation de Chine, à Paris, pour demander un emplacement.

Il était trop tard. Tout était pris. Enfin, après de nombreux pourparlers, l'exposition chinoise se vit attribuer un terrain de trois cents mètres, situé sur l'avenue de Suffren, en face de la section grecque.

L'essentiel était obtenu. Maintenant, il s'agissait, pour les retardataires, de se hâter, afin d'être prêts en temps voulu. Faire venir de Chine le matériel et le personnel nécessaires pour la construction d'un édifice, n'était plus possible ; pressés par le temps, mes compatriotes s'adressèrent à un architecte français, qui éleva, avec beaucoup de goût et d'intelligence de la couleur locale, un pavillon en bois, d'un intérieur assez simple, et dont la décoration extérieure fut achevée au moyen de garnitures en bois sculptés et de couleur, envoyés de Chine.

Le bâtiment, un peu composite, représentait assez bien, avec son toit surmonté de trois tours, une aile d'un de nos monastères bouddhistes. Ce n'est pas l'idéal : mais c'est tout ce qu'on pouvait faire, étant donnés les circonstances et le peu de temps qui restait, jusqu'au 5 mai.

La section chinoise comprenait en tout quinze

exposants, dont quatre seulement figuraient
au catalogue. De ces derniers, deux étaient les
négociants de Canton auxquels j'ai fait allusion plus haut, et qui occupaient les cinq septièmes du pavillon; les deux septièmes res-
tants étaient partagés entre des commerçants
chinois établis à Paris depuis plusieurs années.

Nous connaissons le bâtiment et ses occu-
pants. Franchissons la porte.

Le coup d'œil est assez intéressant : c'est,
d'abord, un pêle-mêle d'étoffes, de meubles,
d'ivoires, de bambous, de petits bibelots de
toute matière, de toute forme et de toutes couleurs ; les marchandises n'étant pas exposées
pas classes et groupes, l'œil incertain ne sait
d'abord où se porter. Cela ressemble assez à
l'art incohérent qui jette, comme au hasard,
tous les tons de la palette.

Mais pour le connaisseur, ce désordre appa-
rent n'est pas une gêne, au contraire. Au plaisir de voir, se joint celui de chercher et de dé-
couvrir ce quelque chose de personnel que
nous aimons à mettre en tout et partout. La

division en groupes et classes, le visiteur va la faire lui-même, dès qu'il se sera dégagé de l'impression confuse du premier moment.

Chacun sait que les articles principaux du commerce chinois sont la soie, le thé, la porcelaine, les meubles sculptés. Ces quatre éléments se trouvent largement représentés au pavillon. Disons tout de suite que les objets d'art très anciens, non destinés à être vendus, et qui provoquèrent une admiration si parfaitement justifiée en 1878, n'abondent pas cette fois-ci. Et cela se comprend : l'exposition chinoise de 1889, relevant avant tout de l'initiative des commerçants, ne pouvait être aussi purement artistique et rétrospective que sa devancière.

Mais, pour être de fabrication plus récente, les objets exposés n'ont rien perdu en fait de choix des matières premières, d'inspiration des artistes et d'habileté des exécutants.

L'article principal de cette exposition est, incontestablement, la broderie chinoise.

On sait comment nos compatriotes exécutent ces travaux délicats; quelle patience et quelle adresse exigent ces tableaux brodés, fins comme des peintures. Il faut voir les artistes penchés sur leur métier si simple, pour se rendre compte de leur valeur artistique, qui ne le cède en rien aux admirables tapisseries des Gobelins. Quelles que soient la dimension ou la forme de l'objet, l'ouvrier montre un amour toujours égal pour son œuvre, dans ces inventions dues au caprice de sa fantaisie, qu'il commence et poursuit jusqu'au bout, sans autre modèle que celui qu'il a conçu dans son cerveau. Un croquis tracé sur l'étoffe, à coups de bois noirci au feu, lui suffit ; tout le reste est livré à l'imagination du moment.

Uniquement inspirés de la nature, ces coloristes d'instinct suivent leur rêve intérieur, en retracent sur la soie les formes fugitives et savent, avec une richesse et une variété incomparables de couleurs, tour à tour chaudes, lumineuses ou tendres, ne jamais manquer à l'harmonie générale des tons, qui est la condition essentielle de la beauté de ces sortes de travaux.

Les nombreuses aiguilles, extrêmement fines et chargées de fils de soie passés à la cire, courent, reviennent, s'entrelacent et se mêlent dans ce concert des nuances, où pas une fausse note ne détonne.

Car c'est là le côté caractéristique de notre art : s'il n'a pas atteint, à certains points de vue, la perfection idéale qui distingue les chefs-d'œuvre de la peinture européenne, du moins il conserve cet avantage de ne pas tomber au rang d'art industriel. Nous n'avons pas de grande industrie, pas de division du travail, qui en résulte ; notre ouvrier ne se cristallise pas dans l'éternelle répétition d'une manœuvre mécanique, toujours la même, également fatale à l'intelligence du producteur et à la beauté du produit ; qui perfectionne les détails mécaniques, aux dépens de la qualité artistique, et tue la personnalité.

Tout ce que nous faisons, au contraire, porte toujours la forte empreinte d'un cachet individuel. Le visiteur du pavillon chinois trouvera cette vérité confirmée à chaque pas, par le moindre objet qui frappera ses yeux.

Mais, c'est surtout dans les broderies que se montre cette originalité des conceptions de l'ouvrier. Examinez, par exemple, ce grand panneau long de 7 mètres sur 2 m.50 de large, et qui a coûté dix-huit mois d'un labeur patient et ininterrompu? Voyez comme l'idée s'y fait sentir dans toute sa liberté : vous pouvez suivre, pas à pas, le développement d'un plan nettement conçu dans son ensemble, librement modifié dans les détails, au courant de l'aiguille? La *volonté* de l'ouvrier éclate aux regards. Aussi, n'est-ce pas un simple article industriel, mais une véritable œuvre d'art, que ce panneau de dimensions malheureusement très grandes, qui en rendent l'emploi assez difficile.

J'ai dit que tous nos produits se distinguaient par ce sceau de la personnalité. Personne ne me contredira, à l'examen des objets sculptés assez nombreux, en bois de fer et de teck. Comme l'outil a fouillé avec amour dans ces mille méandres, creusés dans la matière première si dure et si résistante ! Comme l'artiste a su donner de la légèreté et de la souplesse aux innombrables replis qui creusent le bois, l'ajourent et mettent de la finesse et de la transparence dans les charpentes massives des paravents, des sièges, des tables, du meuble sous toutes ses formes !

Quant à l'ivoire, il y a des morceaux de grande beauté. On me demande souvent comment les Chinois peuvent arriver à réaliser des tours de force, qui paraissent d'abord impossibles à faire, par exemple, ces sphères concentriques, renfermées les unes dans les autres, toutes prises dans le même bloc et découpées sans solution de continuité. Au lieu de vous décrire les ivoires exposés, et qu'il serait trop long d'énumérer, je préfère répondre à cette question en vous dévoilant un secret, connu des artistes chinois depuis des milliers d'années et qui présentera quelque intérêt à la science moderne.

On a tant écrit sur la manière de recueillir l'ivoire ! Je ne crois pas avoir jamais lu la description du procédé par lequel mes compatriotes ramollissent cette matière si dure et si difficile à sculpter.

Lorsque l'ouvrier a examiné son ivoire et déterminé l'usage auquel il le destine, il le fait pénétrer, de vive force, dans le tronc d'une espèce de palmier, où il le laise séjourner plus ou moins de temps. La sève de l'arbre agit sur la dent de l'éléphant. Quand on le retire, au moment voulu, l'ivoire est devenu blanc comme du papier et mou comme la pâte. Il se laisse alors travailler avec la plus grande facilité : peu à peu, il sèche et recouvre toute sa dureté primitive. Voilà le mystère dévoilé. Je dois ajouter, à mon grand regret, que l'arbre ne survit pas au traitement qu'on lui a infligé, ce qui ajoute encore au prix de ces sortes d'ivoires.

En ce qui concerne la porcelaine, je n'ai que peu de choses à dire. Non pas qu'il manque de pièces d'une très belle exécution. Mais notre porcelaine a surtout de la valeur lorsqu'elle est ancienne, la rareté venant s'ajouter à la qualité. Ces produits de notre art antique, les plus intéressants au point de vue idéal, ne se trouvent pas dans notre exposition, qui s'est bornée à apporter à Paris ce que nos fabricants modernes ont fourni de plus beau et de plus décoratif.

Le thé ne pouvait manquer : on peut en voir de toutes sortes. Cet article, de consommation universelle, est trop connue pour que j'ai besoin d'en parler. Je regrette seulement que le commerce français, au lieu de s'approvisionner par entente directe avec les négociants chinois, passe par l'intermédiaire des maisons étrangères auxquelles il paie ainsi un impôt assez lourd ; sans compter qu'il n'est jamais, dans ces conditions, tout à fait sûr de la qualité.

Je crois devoir m'arrêter à ces considérations, devenues déjà trop longues. Je n'en finirais pas si je voulais entrer dans ces détails et vous entretenir tour à tour des mille objets façonnés en bambou, des instruments de musique, des boîtes de laque, de l'encre de Chine, des éventails aux formes variées, des essences, que sais-je encore? Il faudrait un volume au lieu d'un article.

Je dois, toutefois, vous dire quelques mots d'un projet que, pour ma part, je suis désolé de n'avoir pas vu réaliser. Il avait été question de faire venir à l'Exposition universelle un certain nombre de fabricants chinois qui eussent fourni au public une leçon de choses de la plus haute valeur, en l'initiant à tous les procédés de leur industrie. Ainsi, le potier eut fait passer, devant les yeux des spectateurs, toute la série des opérations par lesquelles le kaolin brut se trouve transformé en porcelaine transparente, aux éclatantes couleurs. Le fabricant de soie eût exécuté tous les travaux auxquels il est tenu, depuis l'élevage des vers jusqu'à l'achèvement des fins tapis brodés; et ainsi de suite.

Il y avait là, à la fois, un enseignement pour tous et un moyen de créer des relations plus suivies et plus régulières entre nos producteurs et le public français et européen.

A défaut d'une subvention, qu'on ne pouvait leur fournir pour les raisons détaillées plus haut, les fabricants visés se sont abstenus : ils ont eu tort. Notre section y eût gagné un surcroît d'intérêt.

Telle qu'elle a été, elle a présenté encore, je pense, assez d'attraits pour tous ceux qu'intéressent l'industrie et les arts de notre pays. En tout cas, nous étions là, nous faisions assez bonne figure, à côté de nos voisins. Et personne ne pourra dire qu'au rendez-vous universel de 1889, la Chine ait brillé par son absence.

B. 1319 — Paris. Impr. FERDINAND IMBERT, 7, rue des Canettes.

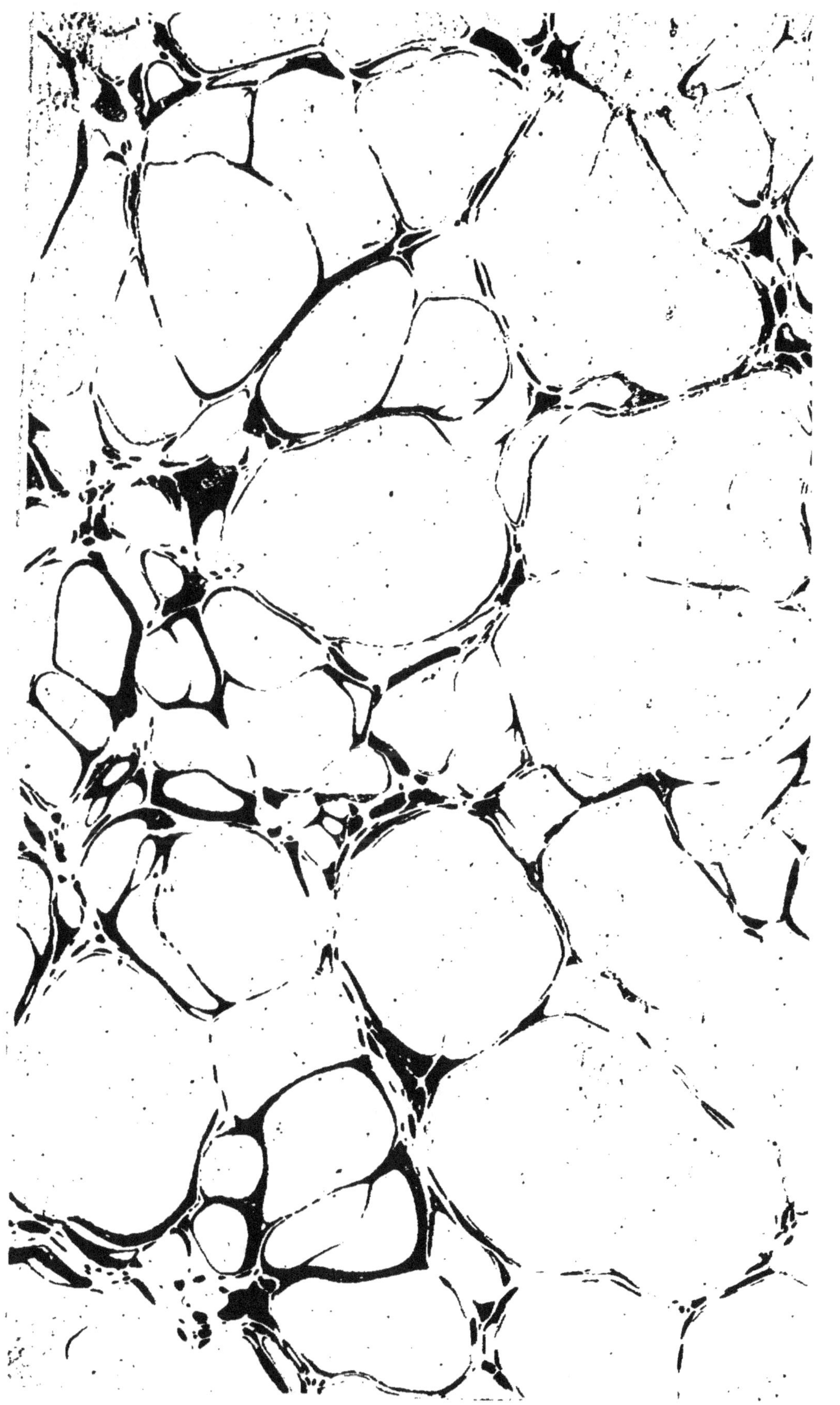

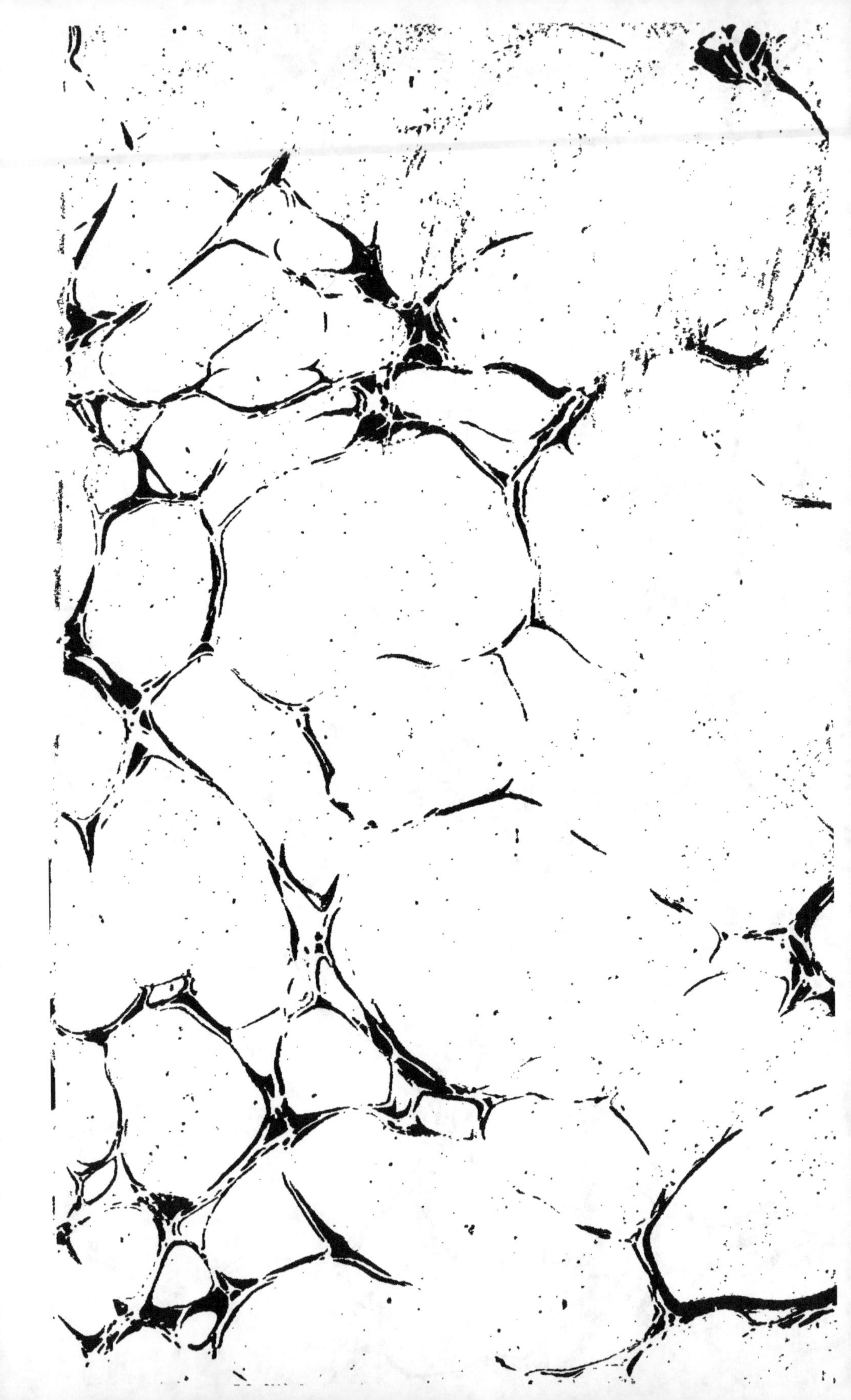